Jost Hermand
NACH DER POSTMODERNE

Jost Hermand

NACH DER POSTMODERNE

Ästhetik heute

2004

BÖHLAU VERLAG KÖLN WEIMAR WIEN

Bibliografische Information der Deutschen Bibliothek:
Die Deutsche Bibliothek verzeichnet diese Publikation in der
Deutschen Nationalbibliografie; detaillierte bibliografische Daten
sind im Internet über http://dnb.ddb.de abrufbar.

Umschlagabbildung:

Pat Andrea: Buchillustration für *made in usa* (1969) von Jan Cremer

© 2004 by Böhlau Verlag GmbH & Cie, Köln
Ursulaplatz 1, D-50668 Köln
Tel. (0221) 913 90-0, Fax (0221) 913 90-11
info@boehlau.de
Alle Rechte vorbehalten
Druck und Bindung: Druckerei Runge GmbH, Cloppenburg
Gedruckt auf chlor- und säurefreiem Papier
Printed in Germany

ISBN 3-412-12803-1

INHALT

Elf Vorüberlegungen 1

1. Mit dem Wind des Fortschritts im Rücken – 2. Nach dem »Ende der Geschichte« – 3. Der herrschende »Postismus« – 4. Das Gegenpostulat des Humanisierenden – 5. Vorsicht bei der Verkultung von Inhalten – 6. Nur die hinter der Kunst stehenden Haltungen sind beerbbar – 7. Zur weltanschaulichen Qualität dieser Haltungen – 8. Die unabdingbare Form-Inhalt-Dialektik – 9. Zunehmende Bewußtseinserhellung – 10. Sprechen ins Ungewisse – 11. Doch. Dennoch. Trotzalledem

Vom Umgang mit älterer Kunst 18

1. Das Entscheidungsprivileg neuerer Kunst – 2. Zur ideologischen Überformung älterer Kunst – 3. Konservative und existentielle Identifikationen mit Kunstwerken der Vergangenheit – 4. Die Rolle der subjektiven Einfühlung – 5. Notgedrungene Zugeständnisse – 6. Über den Trugschluß einer unmittelbaren Einfühlung in Werke der älteren bildenden Kunst und Musik – 7. Kunst ist nicht nur sinnliche Wahrnehmung – 8. Die ideologische Schubkraft engagierter Haltungen innerhalb der älteren Kunst – 9. Aus der Nähe, aus der Ferne – 10. Aufgeklärte Barbaren? – 11. Was tun? – 12. Für und wider Zensur

Zur Problematik des Begriffs »Die Moderne« 43

1. »Die Moderne« als journalistischer Allerweltsbegriff – 2. Einebnungen ins Ästhetizistische – 3. Das »Moderne« als formales Innovationsprinzip – 4. Ästhetischer Avantgardismus – 5. Die hermetische »Moderne« der Frankfurter Schule – 6. Der postmoderne Modernismus – 7. Pauschalisierungen ins Negative – 8. Das Postulat einer kulturhistorischen Differenzierungzierung – 9. Die »Moderne« inner-

halb der systemkritischen Kunst – 10. Nach der Wende – 11. Jenseits der »Moderne«

Die Randständigkeit weiter Bereiche der heutigen E-Kultur 70

1. Das Besondere der ostdeutschen Situation nach 1989 – 2. Wahlmöglichkeiten – 3. Rückzüge in die gesellschaftsindifferente Autonomie – 4. Hoch-Zeiten der formalästhetischen Theoriebildungen – 5. Berufungen auf ältere Ausflüchte ins Randständige – 6. Ansätze zu einer feministischen Ästhetik – 7. Freischwebender Eigensinn – 8. Ohne den Biß der »Kritischen Theorie« – 9. Mißvergnügte Spiele – 10. Kunst ohne Alternative

Reklame oder der Triumph der Warenästhetik 90

1. Das Phantom des Pluralismus – 2. Die vielbeschworene »Freiheit« – 3. Jeder ein Star, jede eine Diva – 4. Ich, Ich, Ich – 5. Selbst Kunst und Wissenschaft begeben sich auf den Egotrip – 6. Kunst wird zur Anpreisung von Kunst – 7. Reklame: die Kunst von heute – 8. Shopping, Shopping über alles – 9. Kapitalistischer Realismus – 10. Popvisionen – 11. Viel Bewegung, aber nichts was sich bewegt – 12. Sogar die Postmoderne verschwindet – 13. E- und U-Kultur als gegensatzloses Zwillingspaar – 14. Die zunehmende soziokulturelle Gleichschaltung innerhalb der heutigen Massenmedien

Das Postulat einer demokratischen A- oder Allgemeinkultur 125

1. Das Unsoziale der heutigen Demokratien – 2. Sich einfach treiben lassen – 3. Die politischen Ideale einer wahren Volksherrschaft – 4. Ohne positive Leitbilder keine Erneuerung der Kultur – 5. Eingreifende Formen einer demokratischen Kunst – 6. Der nötige »Optimismus des Willens« – 7. Kunst wird wieder konkret – 8. Gegen die herrschende Antinomie von Job und Freizeit – 9. Das

neue Künstlerbild – 10. Der Genuß der produktiven Tätigkeit – 11. Die Wendung ins Kommunitaristische – 12. Die Rolle der Kunst in der anvisierten A-Kultur – 13. Maxima moralia oder Das höchstmögliche Ziel

Drei Nachüberlegungen 165

1. Zur Rolle nationaler Kulturtraditionen im Zeitalter der Globalisierung – 2. Rückbesinnung auf die »Dritte Sache« – 3. Ästhetik heute

Lektüreverzeichnis 175

Bildnachweise 185

Namenregister 187

Kin-jeh, einer der zwölf Weisen aus der SUN-Periode, sagte zu seinen Schülern: »Gute Bücher sind stets solche, die zur Hälfte aus Plagiaten oder zumindest Ideen älterer Philosophen bestehen. Schlechte Bücher bemühen sich dagegen, den Eindruck zu erwecken, als seien alle ihre Einfälle dem Haupte eines einzigen Denkers entsprungen. Doch in einem Kopf steckt meist nicht viel. Da lobe ich lieber jene, die auf solche Eitelkeiten verzichten« (Eine nur apokryph überlieferte Stelle aus dem *Buch der Umkehr* des legendären Mo-di).

ELF VORÜBERLEGUNGEN

1. Mit dem Wind des Fortschritts im Rücken

> »Nur dann, wenn sich genügend Menschen
> für das Stafettenprinzip in der geschichtlichen
> Entwicklung einsetzen, wird die Hoffnung
> auf eine bessere Zukunft nicht absterben«
> (Grabspruch für einen unverzagten Aufklärer
> auf dem Dorotheenstädtischen Friedhof in Berlin).

Solange in weiten Teilen Europas noch die Vorstellung herrschte, daß sich die Entwicklung säkularisierter Staaten von progressionsbetonten Intellektuellengruppen in einem positiven Sinn beeinflussen lasse, gab es im Bereich kunstphilosophischer Spekulationen eine nicht abbrechen wollende Fülle von Ästhetiken, die sich unentwegt mit irgendwelchen Aufsehen erregenden Neuerungen zu überbieten suchten. Auf jeden Stil, auf jeden Ismus folgte in ihnen ein neuer Stil oder ein neuer Ismus. So war es in der zweiten Hälfte des 18. Jahrhunderts, so war es im 19. Jahrhundert und so war es noch bis zur Mitte des 20. Jahrhunderts. In all diesen Ländern, wo bis in die frühe Neuzeit hinein vornehmlich normative, das heißt an überzeitlichen Leitbegriffen orientierte Wertvorstellungen geherrscht hatten, wurden hierdurch – seit den rebellischen Proklamationen der Aufklärung und der sogenannten Sturm und Drang-Periode – sogar die Künste zu wichtigen Antriebsmotoren jener komplex ineinander geschachtelten politischen, sozioökonomischen wie auch allgemeinkulturellen Entwicklungsprozesse, die in ihren programmatischen Verlautbarungen stets »nach vorn« zu weisen schienen. Ähnliche Vorgänge spielten sich im gleichen Zeitraum in den literarischen Utopien und Staatsromanen ab, welche sich bis dahin – in der Art eines Thomas Morus oder Tommaso Campanella – auf die Ausmalung idealer und damit unveränderbarer Gesellschaftssysteme beschränkt hatten.

Auch sie bekamen zwischen 1750 und 1800 plötzlich einen Drall ins Richtungsweisende und stellten nicht mehr statisch verhärtete Endzustände dar, sondern versuchten mit möglichst eindringlichen Worten, Wege ins noch Ungewisse, aber zutiefst Ersehnte anzuvisieren. Und das hatte gravierende Konsequenzen. Was hoffnungsvolle Menschheitsveränderer beiderlei Geschlechts im Hinblick auf die verschiedenen Künste als die effektivste inhaltliche und stilistische Ausdrucksform empfanden, um eine durchgreifende Emanzipation zu befördern, galt seitdem in diesen Ländern manchmal schon kurze Zeit später bei anderen, aber ebenso hoffnungsvollen Idealisten und Idealistinnen als der inzwischen sprichwörtlich gewordene »Schnee vom letzten Jahr«. Dafür spricht, daß sich einige dieser optimistisch eingestellten Theoriebeflissenen, als sich im Gefolge der rapiden Akzeleration der wirtschaftlichen Expansionsrate die allgemeinen Lebensverhältnisse immer schneller zu verändern begannen, ohne die geringste Reue zu den Sätzen bekannten: »Auch den Kunstphilosophen und -philosophinnen flicht die Nachwelt keine Kränze. Jeder wird hier früher oder später zu den Toten geworfen.« Schließlich fühlten sich diese Menschen noch in einem humanitär-idealistischen, linksliberalen, radikaldemokratischen oder sozialistischen Fortschrittsdenken aufgehoben, das sie in der Hoffnung beflügelte, durch ihre avantgardistischen Neuerungskonzepte Wegbereiter oder Wegbereiterinnen einer bisher nur erahnten besseren Gesellschaftsordnung und damit zugleich bedeutsameren Hochkultur zu sein.

2. Nach dem »Ende der Geschichte«

»History is bunk«
(Marktwirtschaftliche Leitideologie
im Gefolge Henry Fords).

In diesem Zeitraum, der in Deutschland immerhin zwei Jahrhunderte währte, herrschte also das unablässige Bestreben, auch auf dem Gebiet der Ästhetik ständig neue, in die Zukunft weisende Idealkonzeptionen zu entwerfen und daraus stringente, wenn nicht gar präskriptive Handlungsanleitungen für die einzelnen Künste abzuleiten. Obwohl sich in dieser Ära viele kunstinteressierte und zugleich historisch denkende Menschen – ob nun die Jungdeutschen, die Achtundvierziger, die Naturalisten, die Expressionisten sowie die späteren Sozialisten – durchaus bewußt waren, daß über solche Bemühungen, und mochten diese noch so intensiv oder gar rebellisch sein, der Gang der Geschichte in zehn bis zwanzig Jahren unbekümmert hinweggehen würde, ließen sie keineswegs davon ab, immer wieder neue Modelle noch zeitgemäßerer und damit ideologisch wirksamerer Stile oder Kunst-Ismen zu entwerfen. Schließlich wollten die Autoren und Autorinnen derartiger Traktate nicht von »fortschrittlich« gesinnten Politikern, Gesellschaftswissenschaftlern oder Philosophen als rückständig empfunden werden, sondern ebenfalls zum Vortrupp des Weltgeistes gehören.

Da es jedoch seit einigen Jahrzehnten – aufgrund des weltweiten Triumphs des monopolkapitalistischen Systems über alle anderen Wirtschafts- und Gesellschaftsformen sowie des daraus resultierenden Verzichts auf ein reformwilliges, wenn nicht gar systemkritisch auftretendes Entwicklungsdenken – solche progressionsbetonten Ästhetiken kaum noch gibt, hat auch das Interesse an der Entstehung oder Funktion aller bisherigen ins Alternative oder zumindest Avantgardistische tendierenden Kunstströmungen erheblich nachgelassen. Für die meisten Bewegungen dieser Art interessieren sich in den euro-amerikanischen Ländern heutzutage nur noch einige als obsolet geltende Kulturwissenschaftler und -wissenschaftlerinnen, die offenbar verbohrt genug seien, wie es im affirmativ orientierten Lager gern heißt, mit archäologischer, systemtheoretischer oder stilgeschichtlicher Absicht etwas »Ordnung« in den Wust solcher inzwischen als hoffnungslos veraltet hingestellter Bemühungen bringen zu wollen.

Doch selbst derartige Studien könnten schon in den nächsten Jahren allmählich immer seltener werden. Vor allem im akademischen Umfeld der auf die französischen Posthistoire-Vorstellungen oder die US-amerikanischen Globalisierungsbestrebungen eingeschworenen

Geistes- und Kulturwissenschaften ist innerhalb vieler hochindustrialisierter Länder in jüngster Zeit eine fortschreitende Journalisierung, das heißt Verheutigung der herrschenden Interessensrichtungen eingetreten, die alles, was über den gegenwärtigen, immer stärker ins Eindimensionale verflachenden Horizont hinausgeht, als »historistisch« und damit irrelevant empfindet. In diesen Bereichen herrscht seit den achtziger Jahren des letzten Jahrhunderts weitgehend die Perspektive einer vom jeweiligen Eigeninteresse gelenkten »Jetztzeitigkeit« vor, die weder irgendwelche solidarisch-inspirierten Konzepte der jüngsten Vergangenheit noch irgendwelche auf die Zukunft bezogenen Ideale mehr aufweist. In den Augen der Vertreter und Vertreterinnen solcher Anschauungen bedeutet daher das von vielen systemimmanent eingestellten Gazetten als positiv herausgestrichene »Ende der Geschichte« zugleich das Ende des bisherigen künstlerischen Avantgardismus. Hier tritt man – ideologisch »entlastet« – nur noch auf der Stelle, statt einige der älteren Ideologien und die mit ihnen verbundenen ästhetischen Konzepte auf den gegenwärtigen Stand der gesellschaftlichen Verhältnisse bringen zu wollen oder sich gar in die ungewissen Zonen des »Noch-Nicht« (Ernst Bloch) vorzuwagen.

Und damit ist das kapitalistische Wirtschaftssystem, das sich schon seit langem – mindestens seit Henry Ford – als erfüllte Utopie auszugeben versucht, auch in vielen der heutigen kunsttheoretischen Schriften zum obersten Gradmesser aller nur denkbaren Wertbestimmungen geworden. In ihm, mit anderen Worten: im »Marktfrieden der konsumistischen Gesellschaft«, wie es bei Norbert Bolz und ähnlich denkenden Sozial- und Wirtschaftswissenschaftlern und -wissenschaftlerinnen immer wieder heißt, habe der Gang der menschheitlichen Entwicklung – jenseits aller bildungsbetonten, religiösen, nationalstaatlichen oder kulturellen Legitimationsbemühungen – endlich sein letztmögliches Ziel erreicht.

3. Der herrschende »Postismus«

»Es ist, wie es ist –
und keiner weiß mehr«
(Schlußzeilen eines Gedichts von 1999).

Wie es im Zuge der gesamtgesellschaftlichen Entwicklungsprozesse zu den ehemaligen Fortschrittskonzepten und den sie später ablösenden Posthistoire-Vorstellungen gekommen ist, die fast allen alternativen oder avantgardistischen Impulsen aus dem Wege gehen und sich weitgehend auf die affirmierende Sicht der heutigen Situation beschränken, läßt sich in den hier angestellten kursorischen Vorüberlegungen selbstverständlich nur mit einer Reihe dürftiger Thesen, Aphorismen und Denkbilder andeuten. Die Gedankengänge der folgenden acht Unterabschnitte sind daher lediglich als vorläufige Verständigungsstenogramme gedacht und werden erst in den späteren Kapiteln etwas genauer ausgeführt.

Lange Zeit herrschte, um im Hinblick auf solche Problemkomplexe mit dem Allgemeinsten zu beginnen, im mittelalterlichen Europa auch in der Kunst noch vornehmlich die Vorstellung einer christlichen Heilsgeschichte, die im Bild der seelenwägenden, das heißt mal positiven, mal negativen Urteilsentscheidungen des Jüngsten Gerichts kulminierte. Doch seit dem 16. und dann verstärkt seit dem 18. Jahrhundert – mit der Entstehung einer bürgerlichen Intelligenz in den sich aus höfisch-klerikalen Umklammerungen lösenden Städten – bildete sich zusehends ein nicht-religiöses Entwicklungsdenken heraus, das die im christlichen Sündenbewußtsein befangene Mehrheit der Menschen durch die Aufstellung idealistisch-moralischer Fortschrittsimperative befreien wollte. Und damit verloren viele Kunstformen – einmal idealtypologisch vereinfacht betrachtet – ihren feudalistisch-klerikalen Repräsentationscharakter und wurden zu Vehikeln eines Progressionsdenkens, das alle freischaffenden Künstler und Künstlerinnen zwang, in diesem Prozeß für oder gegen diese Veränderungen Partei zu ergreifen. Wo bisher – aufgrund der noch »unterentwickelten« Produktionsverhältnisse – die älteren christlichen Emblemata der Vanitas allen menschlichen Strebens sowie des alle menschliche Hybris gnadenlos überrollenden Rads der Fortuna dominiert hatten, tauchten somit in den zukunftsorientierten Kunsttheorien des aufsteigenden dritten Standes – im Ankampf gegen die religiösen Fatalismuskonzepte – immer stärker Bilder jener selbsttätigen, couragierten, das heißt zur »Mündigkeit« heranreifenden Protagonisten und Protagonistinnen auf, die gewillt waren, ihr Schicksal in die eigene Hand zu nehmen. Man nannte diesen Prozeß »Aufklärung« und erhöhte damit den Status des progressionsverpflichteten Künstlers fast zu dem eines allwissenden Propheten einer besseren Zukunft für alle Menschen.

An die Stelle solcher Imperative traten jedoch in Deutschland schon im Laufe des 19. Jahrhunderts eine Fülle bürgerlich-kapitalistischer Ausbeutungs- und Saturiertheitsvorstellungen, wodurch weite Bereiche der Kunst – trotz einiger höchst aktiver avantgardistischer Gegenströmungen – zusehends ins Affirmative tendierten und sich in den Dienst der ökonomisch und kulturell zur Führung strebenden Bourgeoisie stellten. Noch schärfere Formen nahmen diese kulturpolitischen Konfrontationen im 20. Jahrhundert an. Nach 1933 fielen die mit revolutionärem Elan als links oder zumindest linksliberal auftretenden Kunstformen des Expressionismus, des Dadaismus sowie der Rotfront- und Volksfrontbewegungen den rechtsradikalen Maßnahmen der Nationalsozialisten zum Opfer, während in den späten siebziger Jahren die politästhetischen Anschauungen der westdeutschen Achtundsechziger und Achtundsechzigerinnen von der inzwischen übermächtig gewordenen »Kulturindustrie« im Zuge höchst wirksamer Gegenstrategien Schritt für Schritt in den Hintergrund gedrängt wurden. Und damit verschwanden nicht nur die von manchen dieser Richtungen befürworteten systemkritischen Umsturzkonzepte, sondern auch die Vorstellungen einer alternativen Ästhetik in den bewußt abgedunkelten Bleikammern oder gar Endlagern einer als hoffnungslos veraltet hingestellten Vergangenheit.

Was blieb, war im Bereich der Künste und der Geisteswissenschaften jene entwicklungslose »Eindimensionalität«, die bereits in den sechziger Jahren des vorigen Jahrhunderts Herbert Marcuse auf höchst eindrucksvolle Weise analysiert hatte. Auf dem Gebiet der Technologie, der Informatik, der Genforschung wie auch dem der Medizin kam es zwar noch weiterhin zu vielen Neuerungen, die jedoch nicht darüber hinwegtäuschen sollten, daß zugleich – vor allem nach dem Zusammenbruch des Ostblocks – innerhalb der gesellschaftswissenschaftlichen Theoriebildungen ein lähmender Stillstand einsetzte. Die bekanntesten Schlagwörter der darin zum Ausdruck kommenden ideologischen Alternativlosigkeit begannen deshalb bezeichnenderweise fast alle mit der Vorsilbe »post«. Dafür sprechen unter anderem Begriffe wie Poststrukturalismus, Postmarxismus, Postfordismus, Postfeminismus, Posthumanismus, Postsozialismus, Postidealismus sowie Postmoderne oder Posthistoire, welche nur noch das postideologische, weil angeblich ideologieunbedürftige Hier und Jetzt zu kennen scheinen. Mit anderen Worten: in vielen philosophischen, kulturwissenschaftlichen und kunsttheoretischen Diskursen, die lange Zeit als besonders progressionsbetont galten, verbreitete sich demzufolge seit den achtziger Jahren in Deutschland sowie den meisten anderen hoch- oder überindustrialisierten Ländern ein unübersehbarer »Postismus«.

4. Das Gegenpostulat des Humanisierenden

Trotzalledem gibt es bis heute eine Art von Ästhetik, die dieser Form der Eindimensionalität nicht so stark ausgesetzt ist wie die meisten anderen Theorien auf diesem Gebiet. Allerdings beruht sie auf einer Prämisse, die zwar im Laufe der letzten drei bis fünf Jahrhunderte für alle um eine Verbesserung der politischen und sozioökonomischen Verhältnisse besorgten Menschen von zentraler Bedeutung war, jedoch von den Vertretern und Vertreterinnen des heutigen Postismus nur noch als im schlechten Sinne »idealistisch« belächelt wird. Und das wäre ihr Postulat, daß aller Kunst stets eine »humanisierende« Funktion zugrunde liegen solle. Aber was ist »vermenschlichend«, werden schon an dieser Stelle viele der durch die bitteren ideologischen Erfahrungen der letzten Jahrzehnte ernüchterten Kulturtheoretiker beiderlei Geschlechts einwenden? Sind nicht oft die edelsten Intentionen, falls sie ins allzu Blauäugige oder gar Utopistische abirren, das heißt den realpolitischen Konkretisierungschancen ihrer Konzepte keinerlei Beachtung schenken, besonders ineffektiv? Ja, kann sich nicht manchmal, liest man in den vom sogenannten Zeitgeist beeinflußten, das heißt posthumanistisch orientierten Publikationen dieser Schichten immer wieder, gerade der so häufig apostrophierte »gute Wille« in seiner rührenden Naivität höchst gefährlich auswirken?

Der so vielversprechend klingende Terminus »humanisierend« wird daher von vielen Menschen selbst auf dem Gebiet der Kunst schon seit langem nicht mehr als ein absoluter Garant des Besseren, geschweige denn ein prismatisch ungebrochener Lichtstrahl ins Ewig-Gute, sondern als etwas höchst Problematisches empfunden. Um also mit irgendwelchen ins Humanisierende drängenden Ansichten nicht als platte Idealisten oder realitätsvergessene Schwärmer »desavouiert« zu werden, wie es unter heutigen postmodern eingestellten Adornisten und Adornistinnen gern heißt, sollten deshalb materialistisch oder gar dialektisch geschulte Historiker und Historikerinnen derartige Einwände nicht sofort von der Hand weisen, sondern durchaus zugeben, daß das, was zu verschiedenen Zeiten in den einzelnen Künsten als »humanisierend« galt, nicht immer das Gleiche oder einzig Hervorstechende war. Wie alle anderen gesellschaftlichen Phänomene unterlagen selbst solche Bemühungen stets dem unentrinnbaren historischen Wandel. Dennoch hat sich trotz aller geschichtlichen Umbrüche die nie ganz zu unterdrückende Tendenz ins Positive eines wahrhaft »vermenschlichten« Daseins – zumindest seit der Aufklärung des 18. Jahrhunderts – letztlich nur intentional, aber nicht prinzipiell verändert. Jedenfalls verstanden fast alle, die diesem Begriff eine »konkrete« Aussagekraft zu geben versuchten, darunter nichts Idealistisch-Verschwommenes, sondern stets etwas, was sich auf eine andere, sozial gerechtere Gesellschaft bezog. Und in einer solchen Gesellschaft, hofften sie, würden einmal die Antriebskräfte eines demokratischen Miteinanders und zugleich eine Wendung ins Kulturvollere sowie eine wesentlich breitere Entfaltung aller menschlichen Fähigkeiten im Vordergrund stehen.

5. Vorsicht bei der Verkultung von Inhalten

»Vorwärts zu Goethe!«
(Johannes R. Becher wenige Wochen vor der Gründung der DDR).

Wegen der sich ständig wandelnden historischen Situationen waren dementsprechend die jeweiligen ideologischen und ästhetischen Ausprägungen, mit welchen frühere Kunsttheoretiker und -theoretikerinnen ihren humanisierenden Hoffnungen Ausdruck zu geben versuchten, manchmal höchst unterschiedlicher Art. Einzelne dieser Ausprägungen noch heute als etwas Bleibendes und damit Vorbildliches hinzustellen, also – um ein allbekanntes Beispiel anzuführen – den bürgerlichen Humanismus der unentwegt hochgelobten »Goethe-Zeit« ins Zeitlose zu verkulten, wäre deshalb von vornherein verfehlt. In dieser Hinsicht haben sich nicht nur bürgerliche Konservative wie Friedrich Meinecke mit seiner Idee segenstiftender »Goethe-Gemeinden«, sondern auch national-idealistisch gesinnte Sozialisten wie Walter Ulbricht mit seiner ahistorischen Verklärung des faustischen Tatmenschen, wenn auch mit höchst verschiedenen ideologischen Zielsetzungen, oft von längst veralteten Anschauungen in die Irre führen lassen.

Genauer betrachtet, sind weltanschauliche Inhalte älterer Kunst letztlich ebenso wenig beerbbar wie jene philosophischen Theorien oder politischen Traktate, die zur gleichen Zeit entstanden und auf denen sie zum größten Teil basieren. Alle, die sich dennoch auf eine historisch undistanzierte Weise an ihnen zu orientieren versuchen, entziehen sich damit – gewollt oder ungewollt – den gesellschaftlichen Konflikten ihrer eigenen Epoche. Noch entschiedener ausgedrückt: sie erweisen sich mit einer solchen Einstellung als »postum geborene Menschen« (Friedrich Nietzsche), die sich an etwas festzuklammern versuchen, was längst kultisch erstarrt ist, statt im Sinne der Vertreter und Vertreterinnen der damals als rebellisch geltenden Gesinnungen in die dialektischen Entwicklungsprozesse ihrer eigenen Zeit einzugreifen. Schließlich lassen sich selbst die »besten« Inhalte der älteren Kunst zwar hermeneutisch verstehen und sind auch als historisches Anschauungsmaterial höchst lehrreich, sollten aber nicht bedenkenlos in unsere Zeit »verrettet« werden, wie sich Bertolt Brecht gern ausdrückte.

6. Nur die hinter der Kunst stehenden Haltungen sind beerbbar

»Das Wichtigste am Weisen ist die Haltung«
(Frei nach Bertolt Brecht).

Damit ist im Fluß der hier angestellten Vorüberlegungen ein erster Fixpunkt erreicht. Was an älterer Kunst – wie überhaupt an allen Relikten der Vergangenheit – beerbbar ist, sind für historisch geschulte Rezipienten und Rezipientinnen allein die hinter diesen Werken stehenden menschlichen »Haltungen«. Nicht irgendwelche inhaltlichen Postulate, die in ihnen auf bestimmten Ideologieformationen der Vergangenheit beruhen, erweisen sich heutzutage weiterhin als relevant, sondern lediglich die in diesen Postulaten und ihren künstlerischen Manifestationen festgeschriebenen Gesten des Hoffnungsvollen, Fordernden, Eingreifenden, Sich-Aufbäumenden, Kämpferischen, Rebellischen, Utopischen oder auch Verzweifelnd-Widersetzlichen, wenn nicht gar Tragisch-Scheiternden, in denen sich Impulse zu erkennen geben, die sich den affirmativen Tendenzen der noch immer als unvollkommen empfundenen Gesellschaftsordnungen entgegenzustellen versuchten.

Und an diesen Gesten ist zugleich der geistige Rang einer bestimmten »Haltung« abzulesen. Das gilt vor allem für die Zeit seit der Mitte des 18. Jahrhunderts, als in West- und Zentraleuropa – im Zuge des allmählich aufsteigenden Bürgertums – viele der politisch bewußteren Künstler und Künstlerinnen immer stärker mit der unabdingbaren Notwendigkeit konfrontiert wurden, sich nicht nur in sozioökonomischen Angelegenheiten, sondern auch innerhalb der Dialektik der allgemeinen Kulturbewegung entweder für das Prinzip des Humanistisch-Aufklärerischen zu engagieren oder für das Prinzip des Reaktionären im Sinne der jeweils herrschenden gesellschaftlichen Eliten sowie ihrer politischen Dominanzansprüche Partei zu ergreifen. Mit anderen Worten: seitdem mußten sie sich – falls sie eine »eingreifende« Rolle spielen wollten – entscheiden, mit den Alpha-Wölfen der sich im Besitz der Macht befindlichen feudalistisch-absolutistischen, klerikal-autoritären, kapitalistisch-ausbeuterischen, ja sogar faschistisch-terroristischen Regierungssysteme zu heulen oder sich den jeweiligen philodemokratischen Protestbewegungen anzuschließen. Und daran hat sich letztlich bis heute – selbst in den angeblich »liberal« regierten Ländern der hochindustrialisierten Ersten Welt, wo die Herrschaftsansprüche der politisch und ökonomisch Stärkeren nicht mehr so eklatant in Erscheinung treten wie früher, sondern von massenmedialen Social engineering-Kampagnen überblendet werden – wenig oder nichts geändert.

7. Zur weltanschaulichen Qualität dieser Haltungen

>»Weitermachen auch in wüsten Zeiten«
>(Ludwig van Beethoven nach Beginn der
>Metternichschen Restaurationsepoche).

Eine ins Humanisierende drängende »Haltung« ist daher stets der Ausdruck einer Gesinnung, die sich – in Anlehnung an das früher unter alternativ gesinnten Schichten vielbeschworene »Prinzip Hoffnung« – im Rahmen repressiver Gesellschaftsformationen zu liberalen, linksliberalen, radikaldemokratischen, kommunitaristischen oder gar sozialistischen Idealen bekennt. Demgemäß zeichnet eine so definierte Haltung vornehmlich jene Künstler und Künstlerinnen aus, welche sich selbst in politisch bedrückenden, wenn nicht gar konterrevolutionären Phasen der jeweiligen geschichtlichen Großprozesse bemühten, trotz aller soziokonkreten und ideologischen Rückschläge ihren »aufrechten Gang« (Ernst Bloch) sowie ihren »Optimismus des Willens« (Antonio Gramsci) beizubehalten, statt angesichts der Übermacht ihrer Gegner von vornherein klein beizugeben.

Aber auch unter den an gesamtgesellschaftlichen Konzepten orientierten Kulturtheoretikern und -theoretikerinnen findet sich eine solche Haltung bis heute. In bewußter Frontstellung zu jenen universitären Handlangern und Handlangerinnen, wie sie Pierre Bourdieu gegen Ende der achtziger Jahre in seinem Buch *Homo academicus* brandmarkte, versuchen solche Gruppen nach wie vor, antirepressive Haltungen zu unterstützen, statt sich innerhalb festetablierter Machtapparate durch ein ins Konformistische neigendes Verhalten auszuzeichnen, um auf diese Weise entweder ungestört im gesellschaftlichen Abseits verharren zu können oder sich durch wohlgefällige Ergebenheitsgebärden bei den jeweils Herrschenden prestigeverheißende und zugleich einträgliche Positionen zu ergattern. So gesehen, ist »Haltung« selbst im Rahmen kulturphilosophischer Spekulationen letztlich das, was – im Gegensatz zu einem von allen politischen und sozialen Zwecken befreiten »interesselosen Wohlgefallen« (Immanuel Kant) an Kunst – vornehmlich bei jenen Menschen zu finden ist, welche nicht nachlassen, die jeweils miteinander konkurrierenden ästhetischen Ansichten ihrer eigenen Zeit auf ihre humanisierenden Zielrichtungen hin zu überprüfen und dementsprechend Farbe zu bekennen.

8. Die unabdingbare Form-Inhalt-Dialektik

Doch selbst eine so definierte »Haltung« würde noch nicht genügen, den geistigen und stilistischen Stellenwert eines mit sozialpolitischem Anspruch auftretenden Kunstwerks bestimmen zu können. Bei solchen Bemühungen spielen bekanntermaßen auch ästhetisch-formale Kriterien eine nicht zu übersehende Rolle. Allerdings sind diese nicht kunstimmanent zu erschließen, sondern lassen sich – im

Rückbezug auf ihr gesellschaftliches Problembewußtsein – nur aus der ins Humanisierende drängenden weltanschaulichen Orientierung der jeweils ins Auge gefaßten Kunstwerke ableiten. Es gibt nun einmal, wie man es auch dreht und wendet, keine ästhetische Qualität im absolut Reaktionären, Blasierten oder Zynischen. Das können nur Menschen behaupten, die weder einen Sinn für den bedrückenden Charakter der sie umgebenden politischen und sozioökonomischen Verhältnisse noch einen Sinn für den diese Verhältnisse in Frage stellenden Charakter einer künstlerisch ausgedrückten »Haltung« entwickelt haben. Schließlich herrscht in jedem die Wirklichkeit seiner Zeit erfassenden und zugleich verstehenden Kunstwerk stets eine unleugbare Form-Inhalt-Dialektik, welche der sich in ihm manifestierenden Gesinnung sowie der ihr gemäßen Formgebung überhaupt erst ihren politästhetischen Rang verleiht.

Falls also die »Agenda« eines bestimmten Kunstwerks, selbst wenn es mit einem gesellschaftlich »eingreifenden« Anspruch (Bertolt Brecht) auftreten sollte, ins Rückständige, Abseitige oder Epigonale tendiert, wird auch seine ästhetische Ausdrucksform keine besondere Qualität aufweisen. Ja, sogar im Hinblick auf sogenannte fortschrittliche Kunstproduzenten und -produzentinnen, die nicht den tieferen soziopolitischen Sinn innerhalb der Dialektik ihrer eigenen Zeit und der ihr innewohnenden Konflikte verstanden haben, sondern die lediglich aus ideologischem Opportunismus, eigensüchtiger Nörgelsucht oder fehlgeleitetem Idealismus zu einer kritischen Einstellung neigen, wird sich das auch in der schäbigen oder mißlungenen formalen Ausführung ihrer Werke äußern. Bedeutsame Kunstwerke sind deshalb stets nur solche, in denen die Form-Inhalt-Dialektik in eine Synthese übergeht, bei welcher die angestrebte weltanschauliche Qualität ihrer humanisierenden Haltung zugleich die Qualität ihrer künstlerischen Formgebung mitbestimmt.

9. Zunehmende Bewußtseinserhellung

»Wesen ist nicht Ge-wesenheit;
konträr: das Wesen der Welt liegt an der Front«
(Ernst Bloch).

Jede Beschäftigung mit kunsttheoretischen Fragen dieser Art müßte demnach weniger zu einer »ästhetischen Erziehung« im Sinne Friedrich Schillers als zu einer steigenden politischen und sozioökonomischen Bewußtseinserhellung beitragen. Schließlich ist nicht das künstlerische Ausdrucksverlangen a priori die höchste Form des menschlichen Bewußtseins, wie einige ästhetisierende Philosophen des späten 19. Jahrhunderts im Gefolge Friedrich Nietzsches oder Oscar Wildes behauptet haben, sondern jener immer wieder neu ansetzende kritische Geist, der sich unablässig bemüht, nach humaneren und damit besseren Formen des menschlichen Zusammenlebens Ausschau zu halten. So gesehen, könnte man fast jenen seit vielen Jahrhunderten in zahllosen utopischen Traktaten und Kunstwerken ersehnten wohlgeregelten Staat, in dem es kein Oben und kein Unten mehr gibt und sich alle Bürger und Bürgerinnen auf kommunitaristischer Grundlage zu dem Motto »Alle für alle« bekennen, als das höchste Kunstwerk bezeichnen.

Wem es mit solchen Vorstellungen wirklich Ernst ist, dürfte nicht zögern, das Postulat aufzustellen, daß sich auf dem offenbar nie enden wollenden Weg zu einem solchen Ziel alle bedeutsamen Kunstwerke vornehmlich dadurch auszeichnen sollten, Wegweiser oder zumindest Merkpegel von Haltungen zu sein, in denen sich die nichtrepressiven oder gar utopisch ausgerichteten Tendenzen innerhalb einer bestimmten Epoche widerspiegeln. Nur dann ließe sich erkennen, ob die jeweiligen Künstler oder Künstlerinnen mit ihren Werken tatsächlich »auf dem Wege« ins Andere, Bessere, Noch-Nie-Verwirklichte waren oder ob sie sich mit der Rolle affirmativ gestimmter Mitläufer und Mitläuferinnen begnügten.

10. Sprechen ins Ungewisse?

Doch welcher Sprache sollten sich die mit solchen Ansprüchen auftretenden Kulturphilosophen und -philosophinnen bei derartigen Forderungen bedienen? Sich wie viele Anhänger oder Anhängerinnen der jüngsten »Franzosentheorien« auszudrücken, nämlich möglichst fremdwortreich und maniert, wäre ein unverzeihlicher Hochmut all jenen Menschen gegenüber, die nicht in die Bildungsvorstellungen der landesüblichen Hochschulen eingeweiht sind. Ebenso abwegig wäre es, von vornherein in die Bereiche des Platten oder Plumpen abzusteigen, um sich auf diese Weise jenen Menschen verständlich machen zu wollen, die den verschiedenen Formen akademisch überspannter Diktionen aufgrund ihrer Unbildung notwendigerweise hilflos gegenüberstehen. Wer noch ein gesamtgesellschaftliches Bewußtsein besitzt, sollte daher innerhalb der allgemeinen Zersplitterung unserer gegenwärtigen Bildungs-, Wirtschafts- und Gesellschaftsverhältnisse sowohl das Eine als auch das Andere meiden und sich statt dessen in seiner Schreib- und Redeweise um eine »mittlere Linie« bemühen.

Doch das ist leichter gesagt als getan. Schließlich ist die heute herrschende soziokulturelle Aufspaltung so groß, daß man bei dem Bemühen um einen mittleren Kurs leicht der Gefahr erliegen kann, mit einem sozial übergreifenden Appell beide dieser Schichten zu verfehlen. Für die Einen wäre man bei einem solchen Versuch nicht zünftig genug, für die Anderen immer noch viel zu zünftig. Ja, was noch schlimmer ist: viele Vertreter und Vertreterinnen der kulturell interessierten Oberschichten ließen angesichts solcher Tendenzen ins Gesamtgesellschaftliche, die gegen die herrschenden akademischen Gepflogenheiten verstießen, sicher nur hochmütig die Luft aus der Nase – und die sogenannten geistig und kulturell Unterprivilegierten würden, falls sie mit solchen Theorien überhaupt in Berührung kämen, lediglich verständnislos lächeln.

Solche Gegensätze sprechen nicht unbedingt für die allerorten positiv herausgestellten »Demokratien«, in denen die Bürger und Bürgerinnen der hochindustrialisierten Länder heutzutage angeblich leben. Wohin die Aufgeklärteren unter diesen Menschen auch blicken, überall sehen sie sich hier einer Fülle sozialer und kultureller Ungereimtheiten gegenüber, die sich selbst mit häufig ins Feld geführten Schlagwörtern wie »Multikulturalität«, »Diversität« oder »Pluralismus« nicht überblenden lassen. Schließlich sind die Vermögensunterschiede in den meisten Ländern der Ersten Welt in den letzten Jahren nicht kleiner, sondern eher größer geworden. Ist daher nicht jeder Versuch, mit einer Schrift über ästhetische Fragen gegen den eklatanten Widerspruch zwischen den politischen und sozioökonomischen Privilegien der herrschenden Oberschichten sowie der von den konzerngesteuerten Massenmedien verkündeten »Chancengleichheit« aller in diesen Gesellschaften lebenden Menschen anschreiben zu wollen, von vornherein etwas hybrid? Ja, verbrennt man sich bei solchen Bemühungen nicht lediglich den Mund? Und wem wäre damit genützt?

11. Doch. Dennoch. Trotzalledem

> »Es ist das Prinzip der Kunst, etwas zu tun,
> obgleich die Umstände dagegen sind«
> (Peter Weiss).

All jene, die sich aufs Glatteis solcher, eine gesellschaftliche Integration anstrebender Spekulationen begeben, sollten deshalb keine allzu selbstsichere Miene aufsetzen und sämtliche gegenläufigen Tendenzen von vornherein als transitorisch oder irrelevant abtun. Statt dessen müßten sie stets bedenken, wie tragsicher die vor ihnen liegende Eisdecke ist, bevor sie sich zum nächsten Schritt entschließen. Obendrein dürften sie nie vergessen, ihren »Optimismus des Willens« (Antonio Gramsci) beizubehalten, und zwar selbst dann, wenn sie von den Anderen, die auf dem vorerst festen Uferrand der marktwirtschaftlichen Verhältnisse stehen geblieben sind, als unrealistisch hingestellt würden.

Zugleich sollten solche Wagehälse nicht übersehen, daß ihre kulturpolitischen Fragen und Erkundungen – wegen der gegenwärtigen Eindimensionalität in ideologischer Hinsicht – notwendigerweise einen utopischen oder zumindest vorläufigen Charakter haben. Mit einer derartigen Einsicht umzugehen, ist nicht einfach. Denn wer würde nicht gern etwas absolut Neues, Sinnstiftendes, Wegweisendes entdecken und es in möglichst unvergänglicher Form niederschreiben? Wie schön wären Sätze, die sich in ihrer aphoristischen Kürze und klassischen Sprachgebung in Stein eingraben ließen, wie es dem von der eigenen Ruhmsucht verblendeten, wenn nicht gar ins Übermenschliche strebenden Autor des *Zarathustra* vorschwebte. Doch solche Illusionen sollten sich ernsthafte Historiker und Historikerinnen nicht erlauben. Im Gegenteil, sie müßten stets bedenken, daß selbst die von ihnen – im Moment augenblickshafter Ideenassoziationen – als bedeutsam empfundenen »Wahrheiten« nur kleine, unbedeutende Korrektive oder Antriebsimpulse im Hinblick auf eine von ihnen erhoffte spätere Entwicklung sind, die möglicherweise nie eintreten wird.

Trotzalledem dürften derartige Wissenschaftler und Wissenschaftlerinnen nicht von vornherein darauf verzichten, einigen dieser blitzartig aufleuchtenden Einsichten auch einen schriftlichen Ausdruck zu geben. Vielleicht beeinflussen solche Aufzeichnungen, nachdem das heutige Eis der Alternativlosigkeit wieder weggetaut ist, ja doch den sich erneut in Bewegung setzenden allgemeinen Fluß der Dinge oder zumindest einen seiner Nebenflüsse. Wer weiß, ohne solche Bemühungen – und mögen sie noch so geringfügig sein – würde das erhoffte Strombett vielleicht eine etwas andere Form annehmen.

VOM UMGANG MIT ÄLTERER KUNST

1. Das Entscheidungsprivileg neuerer Kunst

Aufgrund der Prämissen betont entwicklungsgeschichtlich oder progressiv ausgerichteter Ästhetiken bereitete den meisten Kunsttheoretikern und -theoretikerinnen eine wertende Auswahl aller bedeutsamen Kunstwerke seit der Aufklärung des 18. Jahrhunderts, die vielen Kunstschaffenden erstmals eine ideologische Entscheidungsfreiheit im Hinblick auf die inhaltlichen Zielsetzungen ihrer Werke gewährte, keine allzu großen Probleme. Sie erklärten lange Zeit geradezu apodiktisch, daß der geistige Rang aller Dichtungen, bildkünstlerischen Werke und musikalischen Kompositionen stets aufs Engste mit ihrer als »humanisierend« herausgestellten inhaltlichen Qualität sowie ihrer ins gesellschaftliche Leben eingreifenden Formgebung zusammenhänge. Derartigen Kunstwerken lägen größtenteils »Haltungen« zugrunde, behaupteten viele von ihnen immer wieder, deren Schöpfern und Schöpferinnen es in ihrer Kunst nicht nur auf bürgerlich-solipsistische Weise um das eigene Ich und seine kleinlichen Bedürfnisse gegangen sei, sondern die sich innerhalb der verschiedenen Konfliktsituationen ihrer Zeit ebenso sehr für die Beherrschten und Ausgebeuteten eingesetzt hätten, um auch diesen Schichten in sämtlichen politischen, sozioökonomischen, geschlechtsspe-

1 Ernst Barlach: *Frierende Alte* (1937)

zifischen und kulturellen Angelegenheiten zu einem größeren Mitsprache- oder gar Entscheidungsrecht zu verhelfen. Im Hinblick auf die Werke solcher Künstler und Künstlerinnen würden sich deshalb, wie es in ihren Schriften gern heißt, sowohl die ideologischen als auch die künstlerischen Wertschätzungen fast von selbst ergeben. Ja, in ihren besten Manifestationen seien sie gar nicht voneinander zu trennen.

2. Zur ideologischen Überformung älterer Kunst

> »[Jedes Kunstwerk] ist niemals nur ein Dokument der Kultur, ohne zugleich ein solches der Barbarei zu sein«
> (Walter Benjamin).

Doch worauf stützen Schriften dieser Art eigentlich ihre Wertkriterien bei der Beurteilung von Kunstwerken, deren Urheber oder Urheberinnen noch nicht über jene ideologische Entscheidungsfreiheit verfügten, die fast allen Künstlern und Künstlerinnen nach den aufklärerischen Bestrebungen seit der Mitte des 18. Jahrhunderts in vielen liberal regierten Ländern offenstand? Lebten nicht ihre Vorgänger und Vorgängerinnen weitgehend in autoritären oder totalitaristischen Verhältnissen, in denen noch kaum ein Bewußtsein dafür existierte, daß ihnen – wie später im Gefolge der wirtschaftlichen Produktionssteigerung, der Entstehung eines sozial aufsteigenden Bürgertums und des damit verbundenen entwicklungsgeschichtlichen Denkens – auch mit den Mitteln der Kunst die Chance gegeben war, in gewisse gesellschaftliche Veränderungs- oder gar Revolutionsprozesse eingreifen zu können? Ja und nein. Zugegeben, es gab bereits in der Antike und der italienischen Renaissance sowie innerhalb der protestantischen Länder der frühen Neuzeit einige durch besondere Umstände begünstigte Dichter, Maler und Komponisten beiderlei Geschlechts, welche die Möglichkeit hatten, durch ihre Werke in einem kritischen Sinne auf das gesellschaftliche und kulturelle Leben ihrer Zeit einzuwirken. Aber im Großen und Ganzen gesehen, lebten die meisten Kunstproduzenten und -produzentinnen vor 1750 noch mehrheitlich in ideologisch überformten Notdurft- oder Bedarfsdeckungsgesellschaften, in denen sie vornehmlich dazu angehalten wurden, eine den herrschenden Schichten – ob nun der Hofgesellschaft oder dem gehoben Klerus – wohlgefällige Auftragskunst zu schaffen, die der Glorifizierung Gottes, seiner Heiligen sowie der jeweiligen Repräsentanten der weltlichen Obrigkeit diente.

Im Hinblick auf die Vielzahl solcher Auftragskünstler und -künstlerinnen wirft daher die Frage nach der heutigen Relevanz der meisten in derartigen Epochen entstandenen Werke, welche man unter ideologiekritischer Perspektive nur als »konservativ« oder »reaktionär« bezeichnen kann, zum Teil schwerwiegende Probleme auf. Schließlich, was gehen uns als demokratisch gesinnte Menschen eigentlich noch Kunstgebilde an, die – etwas vergröbernd gesprochen – weitgehend unter den Bedingungen antiker Sklavenhaltergesellschaften oder der auf sie folgenden feudalistisch-klerikalen Obrigkeitssysteme des Mittelalters sowie der frühen Neuzeit entstanden sind? Wie wir wissen, hatten sie häufig lediglich die Aufgabe, die eklatante Ungerechtigkeit der in ihnen herrschenden Klassenverhältnisse mit einer ästhetisch-rituellen Aura zu überblenden. Müßten nicht sozialengagierte Kunsttheoretiker und -theoretikerinnen demzufolge alle diese Werke kurzerhand in die geschichtliche Rumpelkammer werfen, wie das in Deutschland von vandalistisch-radikalen Gruppen – darunter manchen Berliner Dadaisten um 1919/20 (George Grosz, John Heartfield), besonders entschiedenen Vertretern des Proletkults der Weimarer Republik (Franz Jung) sowie mit gegenkulturellen Ideen symphathisierenden *Kursbuch*-Autoren zwischen 1968 und 1973 (Karl Markus Michel, Hans Magnus Enzensberger) – mehrfach gefordert wurde, um sie dort mit anderen Relikten der Vorgeschichte der aufgeklärten Menschheit vermodern zu lassen? Warum hören oder bewundern also selbst angeblich aufgeklärte Menschen immer noch Messen, Choräle, Andachtsbilder, Herrscherstatuen oder barocke Paläste, die ihnen lediglich eine politisch unbegründete Pietät abverlangen? Sollten sie nicht all dieses »Zeugs« – nebst irgendwelchen religiösen Mysterienspielen, panegyrisch gestimmten Kaiserchroniken oder höfischen Lobgesängen – gnadenlos zertrümmern oder verbrennen, um endlich auch im Bereich der Kunst den Blick »nach vorn« frei zu bekommen?

3. Konservative und existentielle Identifikationen mit Kunstwerken der Vergangenheit

»Große Kunst ist stets ein Sanktuarium allgemein-menschlicher Gefühle«
(Oft gehörte Äußerung bei Tagungen der Goethe-Gesellschaft).

Nun, auf so prekäre Fragen gibt es seit langem sowohl eine Reihe konservativer als auch eine Reihe fortschrittlich-dialektisierender Antworten, deren Proponenten und Proponentinnen sich entweder wechselseitig ignorieren oder mit hegemonialem Anspruch an den Rand zu drängen versuchen. Zu den mit konservativem Anspruch auftretenden Proklamationen dieser Art gehören seit einigen Jahrzehnten vor allem folgende zwei: 1. eindeutig romantisierende, die aufgrund ihrer tiefen Skepsis an allen als »demokratisierend« ausgegebenen Vorstellungen noch immer mit ständisch gegliederten oder klerikal überformten Gesellschaften sympathisieren, sowie 2. eindeutig existentiell orientierte, die zwar solche Gesellschaftsformen verwerfen, sich aber dafür bemühen, hartnäckig an sogenannten anthropologischen Grundbefindlichkeiten des Menschseins im Allgemeinen festzuhalten, und dementsprechend erklären, daß sich zwar die politischen Systeme, aber nicht die in ihrer Kunst ausgedrückten existentiellen Verhaltensweisen im Hinblick auf Verliebtsein, Sexualität, Geschmack, Eitelkeit, Rechthabenwollen, Machtverlangen, Ruhmsucht, Traumatisiertsein, Angst, Melancholie, Altern, Todesfurcht und andere psychische oder psychoide Konstanten im Laufe der Jahrhunderte geändert hätten. Sowohl die Ersteren als auch die Letzteren behaupten daher bis heute, daß man zu allen älteren Kunstwerken – trotz des inzwischen eingetretenen historischen Abstands – noch immer einen nicht zu leugnenden unmittelbaren Bezug haben könne.

Mit den romantisch, wenn nicht gar reaktionär eingestellten Gruppen, mit anderen Worten: den sogenannten ideologischen Fortschrittsverächtern, braucht man im Zeitalter selbst von konservativen Regierungen als zeitgemäß hingestellter »Modernisierungsschübe« wohl kaum noch zu rechten. Ihre Zeit scheint – zumindest in den zwanzig bis fünfundzwanzig hochindustrialisierten Ländern der Erde mit ihren forcierten technologischen Umwandlungs- oder Neuerungsideologien, die auf eine ständige Akzeleration der ökonomischen Zuwachsrate drängen – endgültig abgelaufen zu sein. Die Ideen dieser allmählich ins Randständige abgedrängten Vergangenheitsverehrer und -verehrerinnen werden darum heute sogar von rechtsliberalen Kreisen innerhalb der sogenannten Meinungsträgerschichten solcher Länder, wie der *Spiegel* die gegenwärtige gesellschaftliche Hautevolee manchmal nennt, als reichlich obsolet empfunden und zusehends durch sogenannte postmoderne Kunstvorstellungen ersetzt, in denen das »Alte« nur noch die Rolle eines interessanten, an frühere »Pastiche-Künste« erinnernden Zitats (Ingeborg Hoesterey) zu spielen beginnt.

Bei Auseinandersetzungen mit Vertretern und Vertreterinnen der zweiten Gruppe sollten sich dagegen in historischen Kategorien denkende Menschen etwas differenziertere Gegenargumente einfallen lassen. Schließlich sind viele der existentiell orientierten Kulturtheoretiker und -theoretikerinnen nach wie vor davon überzeugt, daß wir uns in die meisten älteren Kunstwerke immer noch spontan, wenn nicht gar – à la Wilhelm Dilthey – »kongenial« einfühlen können, ja daß gerade in dieser unmittelbaren Identifikationsmöglichkeit der eigentliche Wert aller Großwerke der älteren Kunst bestehe. Und zwar berufen sie sich hierbei gern auf jenes von keinerlei äußeren Faktoren determinierte essenzielle Selbstgefühl, das die Befürworter und Befürworterinnen eines konsequent historisch verfahrenden Denkens schon seit langem als hoffnungslos transzendierend oder zumindest idealistisch zu entlarven suchen. Weiterhin an lebensphilosophischen, existentiellen, psychoanalytisch-archetypischen oder anthropologischen Vorstellungen festhaltend, wollen sie nicht einsehen, daß sich mit den oft beschworenen ökonomisch-technologischen »Modernisierungsschüben« innerhalb der letzten zwei Jahrhunderte sowie der durch sie bedingten politischen und sozialen Veränderungen auch die ästhetisch ausgedrückten Gefühle und Denkweisen der von all diesen Wandlungen betroffenen oder zumindest mitbetroffenen Menschen geändert haben.

Um jedoch im Rahmen solcher Diskussionen, die von den Postmodernisten und Postmodernistinnen stets aufs Neue angefacht werden, dennoch als besonders avanciert zu gelten, stützen sich diese Gruppen hierbei gern auf eine als privatistisch oder empiriokritizistisch ausgegebene Sehweise, die den überindividuellen Faktoren und Determinanten innerhalb des gesellschaftlichen Geschehens nur eine marginale Rolle zugesteht. Und damit hoffen sie – trotz ihres Festhaltens an relativ unveränderlichen Gefühls- und Denkstrukturen – gerade wegen ihrer existentiellen oder anthropologischen Ausrichtung als Vertreter und Vertreterinnen eines subjektivistisch gefärbten und demzufolge zwangsläufig positiv zu bewertenden Zeitgeistes angesehen zu werden, der sich mit demokratischer Emphase aus allen »kollektivistischen« Umklammerungen befreit habe.

4. Die Rolle der subjektiven Einfühlung

Um die Theoretiker und Theoretikerinnen der rein subjektorientierten Richtung innerhalb der heutigen, meist im Zeichen irgendwelcher Posthistoire-, Postmoderne- oder Aisthesis-Vorstellungen befangenen Ästhetik von der unabweislichen Historizität aller die menschliche Kunstproduktion betreffenden Phänomene überzeugen zu wollen, muß man demzufolge noch etwas genauer auf die Prämissen der von ihnen propagierten ideologischen Grundkonzepte eingehen. Sie geben zwar in vielen Fällen ohne Widerrede zu, daß sie die älteren politischen und sozialen Herrschaftssysteme schärfstens ablehnen, ja bezeichnen diese Systeme – im Gegensatz zu den eher romantisierend gestimmten Reaktionären – sogar in aller Offenheit als veraltet, wenn nicht gar als archaisch, empfinden jedoch viele der in diesen Systemen produzierten Kunstwerke wegen ihrer angeblichen Tendenz ins »Subjektiv-Wesenhafte« oder »Substantielle« weiterhin als etwas, in das man sich unmittelbar einfühlen könne. Während die meisten Vertreter oder Vertreterinnen solcher Gruppen aufgrund ihrer Hochschätzung des »subjektiven Faktors« für die weltlichen und geistlichen Ordnungsmächte der Vergangenheit nur noch ein abschiednehmendes Lächeln übrig haben, preisen sie – im Zuge einer undialektischen Trennung von Kunst und Politik – selbst die in antisubjektivistisch eingestellten Epochen entstandenen Kunstwerke als etwas, was sich ohne weiteres ins Heutige aktualisieren lasse. Ihnen zufolge hat es offenbar in der Geschichte der Menschheit – jedenfalls im Bereich der angeblich nur von existentiellen Antrieben bestimmten Gefühls- und Denkimpulse – nie eine prinzipielle Veränderung gegeben. Darum sehen sie auch im Bereich der Ästhetik, wie schon René Wellek und Austin Warren in ihrer 1948 erstmals erschienenen *Theory of Literature* sowie viele der auf sie folgenden US-amerikanischen New Critics, keinen gravierenden Grund, bei der Interpretation älterer Kunstwerke auch den sogenannten »externen« Faktoren, seien sie nun politischer, sozialhistorischer, ideologischer oder sozioökonomischer Art, einen maßgeblichen Einfluß auf die Entstehung von Kunst einzuräumen.

Dementsprechend sind für diese Gruppen sämtliche älteren Artefakte, sofern sie aus dem eigenen Kulturkreis stammen und nicht allzu fern zurückliegen, für kunstinteressierte Kenner und Kennerinnen jederzeit geistig oder seelisch abrufbar. Aufgrund ihrer von anthropologischen Konstanten bestimmten Ideologie glauben sie, daß alle derartigen Kunstwerke auf die gleichen oder zumindest gleichgearteten psychologisch-archetypischen Grundantriebe zurückgehen. Manche der postmodern eingestellten Anhänger und Anhängerinnen dieser Richtung sprechen daher kaum noch von feudalistischer, bürgerlicher oder moderner Kunst, sondern nur noch von ästhetischen Anschauungsformen schlechthin. Für sie ist alles, wie es paradoxerweise gern heißt, selbst im Bereich der Kunst lediglich ein symbolträchtiges »Ereignis« (Jean-François Lyotard), das fortwährend neu

»geschieht«. Um 1900 hätte im Rahmen der lebensphilosophischen Reaktion gegen den positivistisch orientierten Historismus eine solche Einstellung noch als Sehnsucht nach genuinen »Urerlebnissen« (Friedrich Gundolf) gegolten, die man nicht durch ein Zuviel an Wissen, das heißt durch sogenannte Bildungserlebnisse abstumpfen oder verwässern solle. Von einer solchen Emphase ist jedoch in weiten Bereichen der sich heutzutage mit ästhetischen Fragen auseinandersetzenden Schriften dieser Richtung nicht mehr viel zu spüren. Gegenwärtig begnügt man sich innerhalb derartiger Einfühlungstheorien mit wesentlich bescheideneren Konzepten. In ihnen ist – im Hinblick auf die Rezeption von Kunst – meist nur noch von »transversalen« Momenten (Wolfgang Welsch) oder »sphärisch« erlebten Stimmungen (Gernot Böhme) die Rede, ohne daß deren Affektationswert weiterhin mit »menschheitlichen« (Eduard Spranger) oder gar »kosmogonischen« Triebkräften (Ludwig Klages) angereichert würde.

5. Notgedrungene Zugeständnisse

>»Die langen Romane des 18. und
>19. Jahrhunderts nerven mich gewaltig«
>(Germanistikstudent im dritten Semester).

Allerdings kommen dabei die ernsthaften Vertreter und Vertreterinnen dieser lebensphilosophisch, existentialistisch, psychologisch-archetypisch, anthropologisch oder aisthetisch gefärbten Einfühlungstheorien nicht umhin, im Hinblick auf die Rezeption der einzelnen Künste auch auf einige gravierende Unterschiede hinzuweisen. Während die ältere Literatur aufgrund ihrer sprachlichen Fremdheit und ihres zum Teil hohen Bildungsanspruchs selbst von ihnen manchmal als »schwierig« hingestellt wird, da sich die Lektüre solcher Werke, wie sie bedauernd hinzufügen, sogar im Rahmen höherer Schulen und Universitäten oft nur mit einer gewissen Gewaltsamkeit durchsetzen lasse, erfreuen sich viele Werke der älteren bildenden Künste sowie der älteren Musik innerhalb dieser Richtung einer relativ distanzlosen Beliebtheit. Als visuelle und akustische Phänomene, die weitgehend unter dem Primat aisthetischer Wahrnehmungsformen zu stehen scheinen, könnten sich viele Menschen, wie sie behaupten, in die durch sie vermittelten Stimmungen im Zuge einer spontanen Einfühlung wie in ihre eigenen Empfindungen versenken. Jedenfalls erklärten das eine Reihe jener Kulturwissenschaftler und -wissenschaftlerinnen, die sich seit den späten siebziger Jahren dem Prinzip der »Neuen Subjektivität« verschrieben und sich in ihren kruderen Schriften gern auf den Slogan »Was bringt mir das rüber?« beriefen.

Demzufolge hat sich in diesem Lager die Hochschätzung älterer Kunst immer stärker aus dem Bereich des Wortgebundenen in den Bereich des Visuellen und Akustischen verlagert. In solche Werke glauben sich die mit lebensphilosophischen, existentiellen oder anthropologischen Vorstellungen Sympathisierenden ganz unmittelbar, ganz direkt, ganz spontan, das heißt ohne die Krücken einer hochgestochenen Bildung einstimmen zu können. Dagegen wird die ältere Literatur, die stets einen langwierigen und zum Teil mit mancherlei Bildungshürden durchsetzten Leseprozeß voraussetzt, von vielen Anhängern und Anhängerinnen dieser Gruppen, und zwar selbst jenen, die eine akademische Bildung hinter sich haben, als zeitraubend und damit umständlich empfunden. Sie wünschen sich eine Kunst, die sofort verfügbar ist. Und in dieser Hinsicht, erklären sie, hätten Bilder und Klangfolgen – im Unterschied zu den Werken der in Worte gefaßten Kunst – stets den Vorteil einer unverstellten Zugänglichkeit für sich, da ihrer Rezeption keine »cognitio intellectualis«, sondern lediglich eine »cognitio sensitiva« im Sinne Alexander Gottlieb Baumgartens zugrunde liege. Von ihnen könne man sich spontan »anmuten« lassen, wie es in den Schriften dieser Richtung immer wieder heißt, in denen der seelisch-sinnliche Affektationswert weit über alle eventuellen gesellschaftlichen Relevanzforderungen gestellt wird, um so auf der Ebene des Ideologischen – bewußt oder unbewußt – in den Bereich eines konformistischen Nonkonformismus ausweichen zu können.

6. Über den Trugschluß einer unmittelbaren Einfühlung in Werke der älteren bildenden Kunst und Musik

Doch dieser angeblich leichtere Zugriff auf Werke der älteren bildenden Kunst und Musik ist letztlich höchst trügerisch. Denn bei einer solchen, auf schnelle Konsumierbarkeit eingerasteten Rezeption wird das, was sich auch in diesen Werken an politischen, religiösen oder sozialen Bedeutungsinhalten hinter dem Visuellen und Akustischen verbirgt und sich nur durch eine genaue Kenntnis der gedruckten Werke derjenigen geschichtlichen Epochen erschließen läßt, in denen die jeweils betrachteten Bilder oder gehörten Musikwerke entstanden sind, meist übersehen oder überhört. Eine aisthetische Kunstrezeption, die sich weitgehend auf das Visuelle oder Akustische beschränkt, bleibt daher trotz aller Verbrämungen mit sinnesphilosophischen Theorien stets eine in vieler Hinsicht entideologisierte und damit entfunktionalisierte Aufnahmeweise, welche vor einer tieferen Erkenntnis der jeweils rezipierten bzw. interpretierten Kompositionen oder Bildkunstwerke – die auch die politischen, sozioökonomischen, ideologischen, geschlechtsspezifischen, mentalitätsgeschichtlichen und kulturellen Faktoren der in ihnen zum Ausdruck kommenden Epochen mitberücksichtigen würde – ins betont Oberflächlich-Sinnenhafte ausschert. Mit anderen Worten: denjenigen »Haltungen«, die an älteren musikalischen oder visuellen Kunstwerken noch gesellschaftspolitisch relevant sein könnten, wird bei solchen Rezeptionsformen keine ins Konkrete hinabreichende Beachtung geschenkt, um sich problemlos irgendwelchen vom realen Verlauf der Geschichte abgelösten sensualistischen Impressionen oder anthropologischen Allgemeinempfindungen hingeben zu können.

Wer so argumentiert, kann letztlich in den wohligen Klangrausch einer sogenannten klassischen Symphonie (Ludwig van Beethovens *Eroica*) wie in eine warme Badewanne einsteigen oder auf den ins Weite, ja angeblich ins »Unendliche« lockenden Landschaften mancher Bilder des frühen 19. Jahrhunderts (Caspar David Friedrichs *Der einsame Baum*) wie in touristisch erschlossenen Naturschutzgebieten spazieren gehen, ohne dabei das Gefühl einer historischen Distanz zu haben. Für einen solchen Menschen ist alles, was diese Kunst zu bieten hat, stets unmittelbar präsent und damit subjektiv verfügbar. Eine derartige Einstellung bleibt selbstverständlich jedem Rezipienten und jeder Rezipientin älterer Kunstwerke unbenommen. Und sie wird wohl auch in naher Zukunft, falls es nicht zu ungeahnten Umwälzungen kommen sollte, die vorherrschende bleiben. Schließlich hat sie im Vergleich zu allen Forderungen, sogar mit den Augen oder Ohren zu denken, stets den Vorzug einer schwer zu leugnenden sinnlichen Gratifikation voraus.

Gegen solche Wahrnehmungsweisen anschreiben zu wollen, wirkt daher von vornherein lehrerhaft streng oder intellektuell überheblich, wenn nicht gar unzeitgemäß asketisch. Denn auf alles, was über die unmittelbare Befriedigung hinausgeht, reagieren heutzutage viele Menschen – inmitten der von vielfältigen Konsumangeboten nur so strotzenden marktwirtschaftlichen Reklamewelt – höchst allergisch. Wer deshalb im Rahmen ästhetischer Rezeptionsweisen aus Abneigung gegen irgendwelche präskriptiven Forderungen vornehmlich aisthetische Elemente »privilegiert« (Gernot Böhme), sollte sich bewußt sein, daß er damit zugleich – gewollt oder ungewollt – die Werbestrategien der großen Konsumgüterkonzerne unterstützt, die sich im Rahmen ihrer Social engineering-Kampagnen ebenfalls fast ausschließlich an unser sinnliches, wenn nicht gar vorbewußtes Aufnahmevermögen wenden, indem sie ihre prospektiven Kunden und Kundinnen mit so vielen massenmedial vermittelten Reizen wie nur möglich zu überfluten suchen.

7. Kunst ist nicht nur sinnliche Wahrnehmung

> »Sehen ist nicht das Gleiche wie sich umsehen«
> (Richard Hamann).

Jeden eine mögliche Verbesserung der gegenwärtigen Gesellschaftsformen anstrebenden Menschen wird die ideologische Intention solcher Sehweisen, nämlich vom Sozialbetonten ins Sensualistisch-Subjektive abzulenken, notwendig verstimmen. Doch Verstimmung ist keine gute Voraussetzung einer andersgearteten kunst- und geschichtsphilosophischen Auffassungsweise. Schließlich erübrigt sich mit der Ablehnung solcher Rezeptionsformen keineswegs die Frage, was denn für jene kulturinteressierten Menschen, die weder die romantisierenden noch die existentiellen, anthropologischen oder aisthetisch argumentierenden Ansichten innerhalb der verschiedenen Kunstrezeptionstheorien der letzten Jahrzehnte teilen, das heißt die zu allen Erscheinungsformen der Vergangenheit kein primär subjektiv einfühlendes, sondern eher ein historisch distanziertes Verhältnis haben, überhaupt noch an Werken der älteren Literatur, Musik und Malerei von Interesse ist. Meines Erachtens kann das nur im Rahmen einer dialektisierenden Optik des ehemals Gewesenen erfolgen, welche die Relikte vergangener Kunstströmungen weder als historisch veraltet noch als ahistorisch aktualisierbar betrachtet, sondern als Werke, die – falls hinter ihnen eine Haltung des Humanisierenden und zugleich »Eingreifenden« steht – allen sozialbetont denkenden Menschen trotz ihres zeitlichen Abstands das Gefühl verleiht, indirekte Fortsetzer, wenn nicht gar Vollstrecker oder Vollzugsorgane einer ähnlichen Gesinnung zu sein.

Dennoch wäre es abwegig, bei der Wertschätzung älterer Kunst, wie bereits ausgeführt, den Hauptakzent allein auf ihre seit der Mitte des 18. Jahrhunderts in Gang gesetzten aufklärerischen Tendenzen zu legen. Das käme einer Reduzierung ins Inhaltistische gleich, die genauso problematisch wäre wie eine Reduzierung in den Bereich der sinnlichen Wahrnehmungsweisen. Schließlich gab es bereits vor dem 18. Jahrhundert im Bereich der Kunst nicht bloß handwerklich versierte Auftragsproduzenten oder formverliebte Ästheten, sondern auch eine Reihe politisch oder zumindest sozial engagierter Künstler, bei denen die Formgebung ihrer Werke, ob nun bewußt oder unbewußt, in einem innigen Zusammenhang mit einer weltanschaulichen Wirkungsabsicht stand. So gesehen, waren schon diese Künstler – auf ihre jeweils spezifische Weise – an jenem unablässigen Humanisierungsprozeß beteiligt, der zwar immer wieder ins

Stocken gerät oder von Rückschlägen bedroht ist, aber dennoch das erstrebenswerte Haupttelos innerhalb der sich ständig verändernden Gesellschaften und der in ihnen stattfindenden ideologischen Auseinandersetzungen bleiben sollte. Demzufolge bilden auch einige Werke der älteren Kunst, die vor den im 16. und 18. Jahrhundert stattfindenden Aufklärungsprozessen entstanden, Teilglieder jener großen Kette geschichtlicher Entwicklungsstränge, die zwar immer wieder reißt, aber von sozialverantwortlichen Schichten stets aufs Neue geflickt oder gar verbessert wird. Und das unterscheidet diese Gruppen deutlich von der Mehrheit jener Künstler, die solchen Prozessen überhaupt keine Beachtung schenkten oder selbstgenügsam im Bereich des Affirmativen verharrten und damit – gewollt oder ungewollt – zur Verhärtung der jeweils herrschenden Status quo-Konstellationen beitrugen.

8. Die ideologische Schubkraft engagierter Haltungen innerhalb der älteren Kunst

Rückgriffe auf sozialbetonte ältere Kunstwerke, ob nun in der Literatur, der Musik oder der bildenden Kunst, sind darum zugleich Rückgriffe auf ins Humanisierende drängende »Haltungen«. Und zwar gilt das bereits für manche Werke der Antike und des Mittelalters. Nicht alles in der Kunst der letzten drei- bis viertausend Jahre ist lediglich Ausdruck einer »barbarischen« Vorgeschichte der Menschheit, wie einige radikal eingestellte Marxisten (Heiner Müller) behauptet haben. So war es zweifellos ein Schritt ins Humanisierende, als die Griechen ihre Kriegsgefangenen nicht mehr auf brutalste Weise massenhaft abschlachteten, sondern innerhalb ihrer aufblühenden gewerblichen Produktion als Sklaven einsetzten. Selbst in der Kunst gibt es dafür genug indirekte Beweise. Sehen wir nicht, wie ihre Statuen innerhalb dieser Zeitspanne (um 450 v. u. Z.), die allgemein als die »Klassische Periode« der altgriechischen Kultur bezeichnet wird, ihre archaische Starre allmählich ablegen und immer humanere Züge annehmen? Ja, auf ihren Gesichtern kommt es sogar zu

2 Die Göttin von Taranto
(um 470 v. u. Z.)

ersten Anflügen eines glücksverheißenden Lächelns, das auf viele Menschen noch heute wie ein Vorschein auf ein besseres, von den Ängsten innerhalb der prähistorischen Gewaltregime befreites Leben wirkt. Und auch im christkatholischen Mittelalter strahlen die Madonnenbilder des 14. und 15. Jahrhunderts – nach der archaischen Strenge der Pancrator-Darstellungen der Romanik – plötzlich eine menschliche Innigkeit aus, die einen weiteren Schritt in der Humanisierung des Abendlandes bedeutet, die offenbar nur durch eine »fortschreitende Christianisierung der barbarischen Germanenstämme der Völkerwanderungszeit« zu erreichen war (Richard Hamann).

Jede abschätzige Haltung solchen Werken gegenüber, wie sie einige vandalistische Bewegungen der letzten Jahrhunderte an den Tag gelegt haben, wäre deshalb kurzschlüssig. Nicht erst die »Fortschritte« der Aufklärung seit 1750 – trotz ihrer ersten, wenn auch immer noch höchst unvollkommenen Ansätze zu einem demokratischen

Miteinander aller Menschen – waren die einzigen Bemühungen um eine wahrhaft ins gesellschaftliche Leben eingreifende Humanität. Dem haben einige Zeitalter vor diesem Zeitpunkt – wenn auch unter anderen sozioökonomischen Bedingungen und der sich daraus ergebenden Bewußtseinszustände – bereits in mühsamen Emanzipationsbestrebungen vorgearbeitet und dabei zwar oft nur kleine Etappensiege erfochten, aber dennoch wichtige Grundlagen für die späteren Kämpfe um eine bessere, sozial gerechtere Gesellschaft geschaffen. Trotz des historischen Abstands und trotz der totalitaristisch überformten Zeitumstände, in denen viele der bedeutsameren, von mancherlei »Narben« übersäten Kunstwerke früherer Epochen entstanden sind (Walter Benjamin), sollten sie daher allen in historischen Großräumen denkenden und zugleich ästhetisch empfänglichen Menschen – neben der sinnlichen Gratifikation – zugleich eine ideologische Schubkraft verleihen, auch sich selber in diesen offenbar nie enden wollenden Prozeß der Humanisierung einzuordnen, um so an der Heraufkunft eines Gesellschaftszustands mitzuwirken, bei dem man sowohl auf die bisherige Arbeitssklaverei als auch auf jene Aspekte der Religion, in denen sie sich lediglich als ein »Opium des Volkes« erweist, verzichten könnte.

Das mag allzu anspruchsvoll, wenn nicht gar utopisch klingen, bildet aber letztlich die einzige moralische Rechtfertigung von Kunst überhaupt, die nicht von vornherein ins Verkultende, Belanglose, Solipsistische oder auf sonstige Weise ins Affirmative tendiert, bei der also lediglich ein nichtssagend unterhaltsamer oder bewußt verunklärender ästhetischer Schein im Vordergrund steht. Daß zu dieser Hochschätzung einer menschheitlich bedeutsamen Kunst viel Bildung nötig sein wird, um aus dem »kleinen Kreis der Kenner« einen »großen Kreis der Kenner« zu machen (Bertolt Brecht), läßt sich nicht leugnen. Ja, um einen solchen Zustand herbeizuführen, wird es weit mehr als nur neuer ästhetischer Theorien bedürfen, so provokant sie auch sein mögen. Dazu müßten ganz andere politische, sozioökonomische und kulturpädagogische Verhältnisse geschaffen werden, in denen die Großwerke der Kunst eine realistische Chance hätten, eine gesamtgesellschaftlich weiterführende Wirkung auszustrahlen.

9. Aus der Nähe, aus der Ferne

»Gegen die traditionelle Behauptung überzeitlicher Geltung der Werke und gegen die rezeptionsästhetische Verflüchtigung zum bloßen Anlaß beliebiger Deutungen ist auf der Dialektik von Historizität und Aktualität zu beharren als einer Spannung, der Erkenntnis sich abgewinnen läßt«
(Peter Bürger).

Ein sinnvoller Umgang mit den auf eine steigende Humanisierung drängenden Hauptwerken der älteren Kunst sollte daher unter den gegenwärtigen Bedingungen stets beides bedenken: den historischen Abstand, der die in dialektischen Geschichtsprozessen denkenden Menschen von ihnen trennt, und zugleich die Nähe, die sie mit der engagierten Gestik der hinter ihnen stehenden »Haltungen« verbindet. Nur so könnte ein, wenn auch weiterhin bildungsmäßig eingeschränkter Bewußtseinszustand erreicht werden, der auf zweierlei Erkenntnisse hinausläuft: 1. welches Gefühl der Stärke oder Zuversicht den auf diese Weise angesprochenen Menschen aus solchen Werken entgegen strömt, das sie darin bestärken würde, im Umgang mit älterer Kunst etwas Energetisierendes zu sehen, und 2. wieviel immer noch zu leisten ist, um diesen Prozeß der Humanisierung weiter voranzutreiben. Statt also im Sinne der gängigen Einfühlungsästhetik, die weitgehend mit ahistorischen Analogiemodellen arbeitet, welche eine scheinbare Identifikation mit geradezu allen Inhalten der älteren Kunst unseres Kulturkreises erlauben und damit deren Inhalte politisch und soziologisch entkonkretisieren, ins Ungeschichtliche auszuweichen, könnten diese Menschen bei einem dialektisierenden, das heißt sowohl die Nähe als auch die Ferne dieser Werke im Auge behaltenden Kunstverständnisses zugleich wichtige bewußtseinserhellende Lernprozesse durchmachen. Denn nur dann, wenn sie den unabweislichen Dreischritt von Vergangenheit, Gegenwart und Zukunft mitbedächten, würde ihnen – jenseits aller anthropologischen Konstanten – ein Sinn für die historische Tiefendimension aller bedeutsamen, weil sozialbetonten älteren Kunstwerke aufgehen. Schließlich sind bei der allgemeinen Beschleunigung der geschichtlichen Vorgänge bereits die 250 Jahre, welche in historischen Parametern denkende Menschen vom Beginn der Aufklärung trennen, »keine Kleinigkeit« (Bertolt Brecht). Man sollte sich daher hüten, der Protagonistin von Goethes *Iphigenie* die Maske von Ulrike Meinhof aufzusetzen, Schillers *Wallenstein* als Verschwörung der Offiziere vom 20. Juli 1944 zu inszenieren oder Beethovens *Fidelio* in eine Konzentrationslageroper zu verwandeln. Statt dessen müßten die jeweiligen Regisseure und Regisseurinnen – trotz aller Hochschätzung vor den in den Originalwerken ausgedrückten ideologischen Haltungen – zugleich den zeitlichen Abstand mitbedenken, der seit der Entstehung dieser Werke verstrichen ist. Man verstehe diese Einschränkung nicht falsch. Damit wird keinem unengagierten Historismus das Wort geredet. Im Gegenteil, durch eine Einstellung dieser Art könnten historisch gebildete Menschen bei der Rezeption und Interpretation solcher Werke die Lernerfahrung machen, was sich seit ihrer Entstehung geändert hat, ob sie inzwischen eine höhere Bewußtseinsstufe erreicht haben, wie sich die neuen sozioökonomischen Voraussetzungen auf ihr Weltverständnis auswirken, warum es heute keine Dramen wie den *Faust*, keine Gemälde wie Friedrichs *Einsamer Baum* oder keine Symphonien wie die *Eroica* mehr gibt, weshalb völlig andere Kunstformen an ihre Stelle getreten sind, ob diese neuen Kunstformen ihre ästhetischen Bedürfnisse befriedigen und vieles andere mehr. Ja, der Umgang mit derartigen Werken könnte ihnen zugleich den Blick dafür schärfen, welche ideologischen Entscheidungen die damaligen Künstler in den Konfliktsituationen ihrer Zeit getroffen haben und sie dadurch indirekt auffordern, sich auch in heutiger Zeit gegen die Macht der pseudo-fortschrittlichen Konzernherrschaft aufzulehnen und die dementsprechenden kulturpolitischen Entscheidungen zu fällen.

10. Aufgeklärte Barbaren?

»Das Gras muß ausgerissen werden / Damit es grün bleibt«
(Heiner Müller).

Doch andererseits könnte ein solches Denken, falls es ins allzu Distanzierte, Überkritische, ja geradezu Vandalistische entgleisen sollte, auch höchst bedenkliche Konsequenzen nach sich ziehen. Genau gesehen, gilt das nicht nur in Hinsicht auf die kunsttheoretischen Anschauungen der sogenannten Radikalinskis innerhalb der jüngsten anarchistischen oder linkssektiererischen Randgruppen. Schließlich haben auch eine Reihe bedeutsamer Aufklärer im Rahmen solcher Fragestellungen einige recht radikale Antworten in petto gehabt. Was für den Fortschritt der Menschheit nicht »brauchbar« ist, erklärten sie skrupellos, sollte – selbst wenn es formalästhetisch noch so perfekt wäre – bekämpft oder umgearbeitet werden. Man denke an die Urteile der frühen Aufklärung über den barocken »Schwulst« innerhalb des Marinismus, Gotthold Ephraim Lessings Geringschätzung der französischen Tragédie classique, Immanuel Kants Ablehnung aller nicht an Worte gebundenen Musik, Heinrich Heines Aufforderung, gewisse katholische Kirchen in Pferdeställe zu verwandeln, oder Bertolt Brechts Ausspruch, den gesamten Shakespeare bearbeiten zu wollen, weil die Originalwerke zwar noch immer einen nicht zu leugnenden »Materialwert« besäßen, jedoch ihr wahrer Nutzwert lediglich bei einer konsequenten Umfunktionierung in eine marxistische Weltsicht herauskäme.

Das klingt auf Anhieb nicht nur für elitär eingestellte Ästheten, sondern auch für dialektisch geschulte Menschen reichlich barbarisch. Aber ist es das wirklich? Wollten nicht gerade diese Autoren den älteren Barbarismus ein für allemal verhindern und etwas mehr »Freundlichkeit« in der Welt verbreiten, wie sich der späte Brecht gern ausdrückte? Verdammten sie nicht das Kriegerische, Monumentalisierende, Brutale, Phallokratische, Kirchlich-Frömmelnde, Aristokratische oder Höfische nur deshalb, um damit jene Elemente in der Vergangenheit etwas stärker hervorzuheben, die wirklich Zukunft enthalten, das heißt im Blochschen Sinne »vorn liegen«? Und was ist daran grundsätzlich verkehrt? Wirklich tolerant oder pluralistisch kann doch innerhalb unseres Gesellschaftssystems nur jemand sein, der sich überhaupt keine Gedanken über Kulturpolitik macht, das heißt die gesamte abendländische Weltkunst – von der Venus von Willendorf bis zu Andy Warhols *Jackie*, vom *Lorscher Bienensegen* bis zum jüngsten Agitprop-Vers, von den geistlichen Motetten Guillaume de Machauts bis zu den Pop-Songs von John Lennon – im Sinne eines unverbindlichen Laissez faire-Prinzips in sich hineinfrißt, ohne sich groß über den bewußtseinserhellenden Nutzwert der von ihm konsumierten Kunstprodukte Rechenschaft zu geben. Haben nicht im Vergleich dazu Lessing, Heine und Brecht mit ihrer kritisch sondierenden Perspektive, mit der sie scharf zwischen progressiven und reaktionären Werken unterschieden, doch Recht gehabt?

11. Was tun?

Dennoch sollte man sich diesen zwar rebellisch auftrumpfenden, ja auf den ersten Blick recht überzeugenden, jedoch letztlich problematischen Direktiven nicht bedenkenlos anschließen. Allen Respekt vor derart konsequenten Entscheidungen, mit denen sich ihre Autoren zu einer progressionsbetonten Einstellung bekennen wollten! Aber bedeutet eine solche Haltung nicht letzten Endes, daß man jegliche ältere Kunst, der keine betont »fortschrittliche« Gesinnung zugrunde liegt, als Vertreter oder Vertreterin einer aufklärerischen Wirkungsästhetik entweder strikt ablehnen oder umarbeiten müßte? Wäre das nicht die einzig logische Folgerung aus einer auf die Gesamtumwälzung aller politischen, sozioökonomischen und kulturellen Verhältnisse drängenden Einstellung, der es wirklich Ernst mit ihren Absichten ist?

Wer so weit geht, dürfte beispielsweise keine religiöse Kunst mehr dulden, die ihren Schäfchen lediglich Ergebenheit in Leiden, Verzicht und Entsagung predigt, um sie von der Einlösung ihrer höchst konkreten Wünsche im Diesseitigen abzulenken. Radikal gesinnte Kunsttheoretiker und -theoretikerinnen müßten demnach selbst manche der noch so kunstvollen Bach-Kantaten verbieten oder ihnen zumindest – in einem umgekehrten Parodieverfahren – neue weltliche Texte unterlegen, um ihre von den meisten aufgeklärten Menschen als »penetrant« empfundene Blut- und Wundenmentalität außer Kurs zu setzen, der eine übersinnliche und damit trügerische Erlösungshoffnung zugrunde liegt. Ist es nicht bedenklich, wenn sich nichtreligiöse Musikhörer und -hörerinnen weiterhin solchen Parolen aussetzen würden? Werden sie nicht dadurch – bewußt oder unbewußt – von der allen Menschen zustehenden Erfüllung ihrer materiellen und kulturellen Bedürfnisse in jener »zweiten Welt« abgelenkt (Heinrich Heine), welche die Verächter und Verächterinnen des sogenannten Diesseits seit Jahrhunderten als eine minderwertige Durchgangsstation zur »ersten Welt« irgendeines irrational erhofften Paradieses hingestellt haben?

Außerdem: gehörten dann nicht auch alle betont heroischen, kriegerischen oder schlechthin militaristischen Werke auf die staatlichen Verbotslisten? Zum Beispiel: warum lesen wir eigentlich noch immer zum Kanon der Weltliteratur gehörende Epen wie die *Ilias*, das *Mahabharata*, das *Chanson de Roland* oder das *Nibelungenlied*, das heißt beschäftigen uns mit Großschlächtereien, wo Heldentum vornehmlich an der Zahl der abgestochenen Gegner gemessen wird? Ja, noch schlimmer: was sollen eigentlich Menschen, die sich nach einem multilateral überwachten Weltfrieden sehnen, mit all jenen ins Heldenhafte verbrämten Kriegsdarstellungen der letzten hundert Jahre anfangen, in denen die Zahl der Getöteten und Verstümmelten inzwischen ins Unermeßliche angewachsen ist? Wäre es nicht an der Zeit, solche Werke ein für alle Mal zu »entsorgen«?

Doch nicht genug damit. Derart rigoros verfahrende Kunstrichter und -richterinnen müßten, um ideologisch konsequent zu sein, zugleich alle Werke der älteren »höfischen« Kunst verbieten oder umfunktionieren, falls sie uns lediglich – im Sinne der Renaissance oder des Barock – ein ins Positive verklärtes Machtprotzentum (Gian

3   Peter Paul Rubens: *Der Raub der Töchter des Leukippos* (1616)

Lorenzo Bernini), einen maskulin orientierten Venuskult (Tiziano Vecelli), eine rücksichtslose Triebhaftigkeit, die selbst vor Vergewaltigungen nicht zurückschreckt (Peter Paul Rubens), oder eine sich in opulenten Stilleben manifestierende Freßlust (Jacob Jordaens) vorspiegelten. Das gilt vor allem für die unzähligen feudal-aristokratischen Darstellungen dieser Art, welche sich in jenen alten Schlössern und Museen befinden, die alljährlich von Hunderttausenden neugieriger Touristen und Touristinnen besucht werden. Haben die in ihnen stattfindenden Führungen mit all ihren lokalpatriotischen oder den Adel verherrlichenden Lobpreisungen keine regressive Wirkung auf das gesellschaftliche Bewußtsein der sie Anstaunenden?

Genauer besehen, wäre da noch vieles Andere innerhalb der älteren wie auch der neueren Kunst, was wegen seiner superpatriotischen, gewaltverherrlichenden oder brutalen Aspekte im Bereich des Mythologischen, Religiösen, Höfischen, Militaristischen oder Pornographischen in einem krassen Widerspruch zu jenen Idealen steht, die heutzutage bei kritisch denkenden Kulturhistorikern und -historikerinnen gemeinhin als »humanistisch« oder »demokratisch« gelten. Ja, bedienen sich nicht viele der gegenwärtigen U-Kultur-Produzenten und -Produzentinnen in ihren Horror-, Crime- und Sex-Darstellungen nach wie vor solcher zum Teil ins Exzessive gesteigerten antihumanistischen und antidemokratischen Elemente, um damit entweder die vielbeschworenen Nerven der breiten Massen der heutigen Kulturkonsumenten und -konsumentinnen zu kitzeln oder sie gegen das Gewaltsame als ein nicht zu beseitigendes Factum brutum abzustumpfen? Sollte man nicht demnach – um einer aufgeklärten, friedlichen Zukunft willen – alle diese Werke, ob nun die älteren oder die neueren, tatsächlich verbieten?

12. Für und wider Zensur

>»Meine zwei achtzehnjährigen Söhne sprechen nicht
>mehr mit mir, seitdem Sie ihnen letzte Woche
>Kafkas *Das Urteil* interpretiert haben«
>(Klage eines verstörten Vaters in der Sprechstunde
>eines noch unerfahrenen jungen Germanistikprofessors).

Im Rahmen solcher Forderungen, die selbst vor dem Verbot oder der Zerstörung mancher Kunstwerke der Vergangenheit nicht zurückschrecken, stellt sich zwangsläufig die bereits in den vorhergegangenen Abschnitten beschworene Gefahr des Vandalistischen ein. Auf diesem Gebiet kommt es deshalb immer wieder zu neuen Konfrontationen, die manchmal selbst die Justiz beschäftigen. Hier gibt es neoliberale Kulturwissenschaftler und -wissenschaftlerinnen, die aufgrund ihrer ideologischen Alternativlosigkeit im Bereich der älteren Kunst geradezu alles, selbst das Infamste und Brutalste, wenn es in »niveauvoller« Form ausgedrückt ist, als ästhetisch gerechtfertigt verteidigen. Aber hier gibt es auch Theoretiker und Theoretikerinnen, die aufgrund ihrer progressionsbetonten Radikalität fast alles »Problematische« aus dem Bereich der archaischen, höfischen, klerikalen, ja sogar der bürgerlich-konservativen Kunst ausmerzen wollen. Beide Einstellungen sind in ihren extremen Formen – gleichviel welche Gesinnung dahinter steht – letztlich unakzeptabel. Schließlich wollen wir nicht die in Jahrhunderten erkämpfte Freiheit der Kunst wieder aufs Spiel setzen. Dennoch, was ins Antisemitische oder Faschistische tendiert, sollte schon verboten werden. Und auch Sadistisches, Rassistisches, Sexistisches oder Gewaltstimulierendes dürfte sich nicht ungehemmt entfalten können. Infolgedessen wird eine an humanistischen Prinzipien orientierte Kulturpolitik, die einen gesellschaftlich »eingreifenden« Impuls unterstützt, nie ohne gewisse Zensurbestimmungen auskommen. Darauf verzichten zu wollen, hieße überhaupt keine Vorstellung einer besseren Zukunft zu haben.

Vor allem im Bereich der gegenwärtigen, von brutalen Zügen nur so strotzenden Massenmedienkultur und ihrer unvermittelten Wirkung auf ein Millionenpublikum wären solche Kontrollmaßnahmen durchaus angebracht. Hingegen sollten die Urheber und Urheberinnen staatlicher Zensurbestimmungen nicht so weit gehen, aufgrund solcher Befürchtungen auch die gesamte ältere Weltkunst einem durchgreifenden Reinigungsprozeß zu unterwerfen. So wäre es etwa unangebracht, aus dem Kulturschatz der Vergangenheit nur betont »idealistisch« gesinnte Werke als rettenswert hinzustellen, in denen Figuren wie der weise Nathan, die humanitätsgläubige Iphigenie oder der edelmütige Marquis Posa den Ton angeben, und dafür die sogenannten dunklen Werke zu vernichten oder in den Giftschrank bzw. die hintersten Museumsmagazine zu verbannen. Ein solcher Verdrängungs- oder Abschaffungsradikalismus führte zwangsläufig zu einer gefährlichen Geschichtsblindheit. Um eines vertieften historischen Bewußtseins willen, sollte man auch die anderen Werke kennen: die Werke der mythischen Verblendung, des religiösen Aberglaubens sowie der Rückfälle ins Barbarische, und zwar nicht nur um Fehler einzusehen, sondern auch um abschreckende Beispiele zur Hand zu haben und sich zugleich anhand solcher negativen Exempla der höchst windungsreichen Wege zu wahrer Humanität bewußt zu werden.

Ihre didaktische Vermittlung müßte freilich in einem altersmäßig sorgfältig gestaffelten Bildungsprozeß stattfinden, um nicht durch die vorzeitige Freigabe solcher Werke unter Jugendlichen eine Neigung zu infantiler Protzerei oder gar neurotischer Selbstquälerei entstehen zu lassen. Oder noch schärfer gefragt: Sollte man junge Menschen überhaupt mit inhaltlich komplizierten oder tragisch aufrührenden älteren E-Kunstwerken vertraut machen, deren Probleme sie seelisch oder bildungsmäßig noch gar nicht bewältigen können? Wenn sie nun durch die Lektüre von Erzählungen wie Franz Kafkas *Das Urteil*, *Die Verwandlung* oder *In der Strafkolonie* in neurotische Depressionen verfallen? Wenn sie beim Anhören der Schlußszene von Richard Wagners *Parsifal* in Tränen ausbrechen und sich der »Erlösung« nahe fühlen? Wenn sie sich als Sechzehnjährige nach einer überwältigenden Aufführung von Johann Sebastian Bachs *Matthäus-Passion* wie mickrige Würmchen vorkommen, die sich vor dem Angesicht Gottes am liebsten in der Erde verkriechen würden? All dies ist tatsächlich passiert – und wird hier nicht nur aus argumentstützenden oder hyperbolischen Gründen angeführt.

Falls sich die Wirkung bestimmter E-Kunstwerke in solchen Gefühlen manifestiert, was ist dann der Sinn des vielbeschworenen Kulturellen Erbes oder einer auf Bildung und Mündigkeit hinzielenden Erziehung? Angesichts solcher Tatsachen sollten sich Lehrer, Regisseure und Programmgestalter die Auswahl der von ihnen jeweils behandelten oder aufgeführten Hochkulturwerke der Vergangenheit so sorgsam wie möglich überlegen – und dabei stets die Frage nach dem ideologischen Nutzwert derartiger Werke stellen. Denn nur wer aufgrund einer in vielen Jahren angeeigneten Bildung den Gesamtverlauf der menschlichen Geschichte und damit auch der Geschichte der Kunst in ihren Hauptzügen zu überschauen vermag, wird kein Opfer seiner eigenen Blindheit werden und sich vor jenen »Schleichwegen zum Chaos« hüten, die der Autor des *Zarathustra* so verführerisch anzupreisen versuchte. Mag uns bei einer solchen Überschau auch manchmal eine leise Trauer über die unzähligen Verworrenheiten und Gewaltakte innerhalb der menschheitlichen Geschichte ergreifen, sie würde uns zugleich in dem Gefühl bestärken, daß es in den letzten Jahrhunderten nicht nur Konformisten und Brutalos, sondern auch Hoffnungsfreudige, Protestierende und Kämpfende gab. Wer also – trotz des heutzutage allgemein verbreiteten Defätismus – immer noch ideologisch vorankommen will, sollte auch in der Kunst sowohl seine Bundesgenossen als auch seine Gegner kennen, über die Herkunft der verschiedenen Entwicklungslinien nachdenken und diese zugleich in die Zukunft hineinprojizieren.

Nur bei einer solchen Einschätzung der Vergangenheit, so anspruchsvoll sie auch ist, würden geschichtsbewußte Menschen weder einem blinden Historismus verfallen, für den alles nur Staub, nur Dokument, nur verblaßte Gewesenheit ist, noch ein absolutes Einfühlungsvermögen befürworten, das an das schlechthin Ewige und damit ständig Aktualisierbare glaubt. Statt dessen sollten sie sich eine dialektisierende Optik aneignen, die sie im Umgang mit älteren Kunstwerken vor ideologischen Kurzschlüssen bewahrt. Eine solche Sehweise könnte sie zugleich befähigen, auch in ihrer eigenen Epoche die richtigen Entscheidungen zu treffen, nämlich sich im Konflikt der sich jeweils befehdenden Ideologien für jene Gruppen einzusetzen, die den politisch und wirtschaftlich Stärkeren, ja Dominierenden mit dem Leitbild einer wahrhaft demokratischen Gesellschaft entgegenzutreten versuchen, in der die Verfügungsgewalt nicht mehr von den auf Aufrechterhaltung ihrer Macht interessierten Wenigen, sondern von den auf Teilhabe und Mitbestimmung drängenden Vielen ausgeht.

ZUR PROBLEMATIK DES BEGRIFFS
»DIE MODERNE«

1. Die »Moderne« als journalistischer Allerweltsbegriff

>»Vor der Moderne gab es eigentlich nur das Mittelalter«
>(James B. Meinkes).

Den Gegenpol zu den Werken der älteren Kunst bilden in vielen kunsttheoretischen Schriften der letzten Jahrzehnte meist jene Werke, die unter dem journalistischen Begriff »Die Moderne« zusammengefaßt werden. Darin scheint sich auf den ersten Blick ein begrüßenswertes, weil epochengeschichtlich orientiertes Denken anzudeuten. Dieser Eindruck ist jedoch in vielen Fällen höchst trügerisch. Häufig wird dieser Terminus historisch so unkonkret verwendet, daß er zum Allerweltsbegriff vieler großräumiger Entwicklungsstränge oder sogenannter kulturwissenschaftlicher »Felder« zu degenerieren beginnt, die bis weit in eine ebenso unklar bleibende Vergangenheit zurückreichen.

Im Gefolge derartig inflationärer Ausweitungen ins Epochenübergreifende sehen manche Kulturhistoriker und -historikerinnen den Beginn dieser im Smog der Geschichte verschwimmenden »Moderne« bereits in der Renaissance oder im Humanismus des 16. Jahrhunderts, andere in jener Aufklärung, die – politisch betrachtet – im Jahr 1789 in der Französischen Revolution kulminierte, wieder andere im Beginn der Industrialisierung und Verstädterung des 19. Jahrhunderts. Ja, einige Vertreter und Vertreterinnen dieser sich gern ins Begriffstheoretische begebenden Zunft haben selbst den deutschen Faschismus als den Ausdruck eines »Reactionary Modernism« (Jeffrey Herf), den Regierungsstil John F. Kennedys als die Manifestation einer »eleganten Modernität« sowie die Reformbemühungen Nikita Chruschtschows zu Beginn der ersten antistalinistischen »Tauwetter«-Phase als eine »Modernisierung« der Parteilinie der KPdSU charakterisiert. Und die Reihe solcher Exempla modernica ließe sich ohne große Mühe ad libitum verlängern.

In Anlehnung an derartige Etikettierungen sind viele Kulturwissenschaftler und -wissenschaftlerinnen dazu übergegangen, den Begriff »Die Moderne« auch auf die Entwicklung der Kunst im 20. Jahrhundert zu übertragen und dementsprechend vom »Aufbruch in die Moderne um 1900« sowie einer darauf folgenden »Klassischen Moderne« zwischen 1910 und 1930 zu sprechen, welche in der Journalistik und den Kulturwissenschaften der englischsprachigen Länder gern als »High Modernism« bezeichnet wird. Und wem selbst solche Beispiele einer historisch unspezifischen Begriffserweiterung derartiger Modernitätskonzepte nicht genügen sollten, sei an grobschlächtige, aber dennoch ebenso häufig verwendete Termini wie »Moderne Architektur«, »Moderne Musik«, »Modern Design« oder »Modern Dance« erinnert, mit denen heutzutage fast alles etikettiert wird, was in diesen vier Kunstgattungen in dem Zeitraum zwischen 1900 und 1970/80 entstanden ist und sich von älteren Stilformationen abzusetzen versuchte.

2. Einebnungen ins Ästhetizistische

Ideologiekritisch gesehen, läßt sich der inflationäre Gebrauch des Begriffs »Die Moderne« vor allem auf zwei Gründe zurückführen, die allerdings auf einigen Diskursebenen recht eng miteinander zusammenhängen. Zum einen versuchen selbst akademisch geschulte, aber systemimmanent eingestellte Kulturhistoriker und -historikerinnen durch die wahllose Ausweitung des Begriffs »Die Moderne« zu einem flächendeckenden Phänomen, das keine genaueren politischen oder sozioökonomischen Unterdifferenzierungen erlaubt, alle auch in der Kunst auftauchenden ideologischen Polarisierungen in progressionsbetonte sowie reaktionäre Strömungen von vornherein zu Gunsten antiteleologischer Geschichtsauffassungen auszuschalten. Zum anderen soll damit die von späteren, meist postistisch orientierten Entwicklungen angeblich überwundene »Moderne« von den gleichen Schichten ins Veraltete, Anachronistische, Obsolete abgeschoben werden. Und beide dieser Strategien haben sich in den affirmativen Gefilden der gegenwärtigen Ideologiebildung als höchst wirksam erwiesen.

Gehen wir erst einmal auf die wahllose Ausweitung des Begriffs »Die Moderne« im Bereich ästhetischer oder ästhetizistischer Diskurse ein, wo sich diese Tendenz ins »Eindimensionale« (Herbert Marcuse) einer besonders großen Beliebtheit erfreut. Im Gegensatz zu einer sozialgeschichtlichen Betrachtungsweise von Kunst, nach der »zu jeder Zeit so viele künstlerische Richtungen möglich sind, wie es sozial produktive Gruppen gibt« (Arnold Hauser), wird im Rahmen einer solchen Sehweise meist alles auf *einen* durchgehenden formalästhetischen oder neuerdings kulturwissenschaftlichen Nenner gebracht, der keinerlei innere Widersprüche mehr aufweist. Hier sind in der Nacht der ahistorischen Einseitigkeit, wie in so vielen diskursanalytisch ausgerichteten Betrachtungen, die von den Konkreta der Geschichte abzusehen versuchen, mal wieder alle legendären Katzen grau.

So sprechen beispielsweise eine Reihe Kulturwissenschaftler und -wissenschaftlerinnen schon seit vielen Jahren im Hinblick auf den Zeitraum um 1900 – als sich im Bereich der Künste neben avantgardistischen Bewegungen wie dem Naturalismus und dem frühen Expressionismus auch konservative Richtungen wie die Heimatkunst und die Neuklassik, ja sogar weitgehend formalistisch orientierte Stilströmungen wie der Neuimpressionismus und der Jugendstil durchzusetzen versuchten – einfach von einer allgemeinen »Stilwende« (Friedrich Ahlers-Hestermann) oder von »Wegbereitern einer modernen Formgebung« (Nikolaus Pevsner), als ob die damit implizierte Tendenz in eine ideologisch unbestimmt bleibende Neuartigkeit die einzig wichtige Reaktion gegen den damals vielbeklagten »Historismus« in den Künsten gewesen wäre. Daß mit einer solchen Pauschalisierung alle politischen und sozialgeschichtlichen Differenzierungen dem Fetisch einer rein ästhetisch aufgefaßten »Modernität« geopfert werden, scheint die bewußte Absicht solcher Sehweisen zu sein. Demzufolge sind sich die Vertreter und Vertreterinnen einer so verstandenen, das heißt ins Formale nivellierten »Moderne« des Beifalls von mehrheitlich-affirmativer Seite stets gewiß, während jene Kunsttheoretiker und -theoretikerinnen, die an die Periode zwischen 1885 und 1914 mit einer bewußt dialektisierenden, das heißt auch die politästhetischen Gegensätze betonenden Optik herangehen, meist nur die Zustimmung kritisch gesinnter Minderheiten erfahren.

3. Das »Moderne« als formales Innovationsprinzip

»Die Mode ist die ewige Wiederkehr des Neuen«
(Walter Benjamin).

Im Gefolge solcher eindimensionalen Anschauungen verstehen viele der heutzutage unbekümmert daherplaudernden Journalisten und Journalistinnen, aber auch manche der seriösen Kulturwissenschaftler und -wissenschaftlerinnen unter dem »Modernen« lediglich ein Phänomen, bei dem – unter Ausschaltung aller gesellschaftlichen Veränderungs- oder Alternativkonzepte – in erster Linie das Prinzip der formalen Innovation im Vordergrund steht. Auf dieser Diskursebene wird daher mit reduktionistischer Absicht selbst im Hinblick auf die höchst verschiedenartig ausgestalteten Künste unter »modern« meist nur das verstanden, was die Verkaufsstrategen der gleichzeitigen Mode- und Designerindustrie wegen seiner formalen Veränderungsmerkmale mit konsumanheizender Absicht als »brandneu« oder »topaktuell« bezeichnen würden. Ohne den Begriff »modern« mit irgendwelchen ideologischen Wertkonzeptionen aufzuladen, gilt hier allein das Neue um den Neuen willen als der bedeutsamste, weil konsumanreizendste und damit profitenträglichste Wert. Eine solche Moderne läuft deshalb als theoretisches Modell zwangsläufig auf die Vorstellung einer ständigen Wiederkehr des Ewig-Neuen hinaus, die sowohl auf der Ebene der modisch aufbereiteten Gebrauchsartikel als auch im Bereich der Kunst- und Kulturindustrie in ihren Etikettierungen gern mit Vorsilben wie »Vor«,

»Spät«, »Nach«, »Post«, »Post-Post«, »Neu« oder »Neo« operiert, um damit eine unentwegte Wandlungsfähigkeit vorzutäuschen.

Doch letztlich ist auf diesem Gebiet selten etwas tatsächlich »neu«, sondern wird lediglich in designerhaft leicht veränderter Ausstattung als »neu« ausgegeben und auf den Markt gebracht. Und das ist im Rahmen solcher Innovationsstrategien auch durchaus nötig, um durch den unentwegten Wechsel bestimmter oberflächenverhafteter Outfit-Trends den am Tagesgeschmack orientierten Interessenten und Interessentinnen dieser Art von Designer- oder Kunstprodukten das Gefühl zu geben, im letztlich Gleichbleibenden den angeblich rückständigen Schichten stets um eine Nasenlänge voraus zu sein. Alles tatsächlich Neue, das heißt Neue in einem aufmüpfigen oder gar rebellischen Sinn hat daher im Gefolge derartiger Vermarktungsstrategien kaum eine Chance, eine in die Breite gehende Wirkung zu entfalten. Ja, falls im allgemeinen Modekarussel wirklich einmal etwas revolutionär Andersartiges auftauchen sollte, wird es von den Managern und Managerinnen der jeweiligen Kultur- oder Konsumgüterindustrie sofort ins Marktgängige kooptiert, das heißt als branchenspezifisches Stimulans im Sinne einer auf dem Prinzip des Neuartigen beruhenden Bedürfniserweckung und damit Konsumanheizung eingesetzt.

In solchen Bereichen ist deshalb das »Moderne« – und zwar gleichviel ob es sich als Maxi-, Midi- oder Mini-Fashion oder als Post- oder Neo-Kunst äußert – meist etwas, was sich nur als wohlkalkuliertes Reizmittel innerhalb der üblichen Marketingstrategien der geplanten Obsolenz charakterisieren läßt. Hier bedeutet also »modern« fast immer dasselbe wie »modisch« oder auch bloß »modernd«, wie Friedrich Engels schon um 1840 die Neuigkeitssucht mancher jungdeutschen Autoren bezeichnete. Mit anderen Worten: auf dieser Ebene ist das »Moderne« stets etwas schnell Verwelkendes, das selbst seine Fans, die sich gerade noch dafür echauffierten, bereits nach kurzer Zeit als veraltet, abgeblüht, wenn nicht gar lächerlich empfinden. Schließlich sind die ewigen Modernisten und Modernistinnen dieser Couleur lediglich an den jeweils wechselnden stilistischen Drapierungen, aber nicht an irgendwelchen im besten

Das »Moderne« als fornales Innovationsprinzip

Sinne neuartigen Engagementsformen interessiert. Für sie gibt es in allen Geschmacksfragen letztlich bloß noch zwei Direktiven: »In« oder »Out«.

4. Ästhetischer Avantgardismus

Etwas ernster zu nehmen ist dagegen jene künstlerische »Moderne« der zweiten Hälfte des 20. Jahrhunderts, die ihre akademischen Verfechter und Verfechterinnen in den fünfziger und frühen sechziger Jahren – meist mit vielfältigen Rückgriffen auf die sogenannte klassische oder historische Moderne der Zeit zwischen 1900 und 1930 – als betont »westlich« oder »avantgardistisch« auszugeben versuchten. In ihren künstlerischen Manifestationen standen zwar im Kulturbetrieb der ehemaligen Bundesrepublik während dieses Zeitraums ebenfalls rein formale Neuerungen im Vordergrund, die jedoch wegen ihrer überpointierten stilistischen Unterschiede zugleich als Phänomene hingestellt wurden, in denen sich – nach der faschistischen Diktatur und zugleich in offener Frontstellung zum Sozialistischen Realismus in der DDR – eine angeblich fortschreitende »Verfreiheitlichung« aller ästhetischen Ausdrucksmittel manifestiere. Man erinnere sich im Bereich des Visuellen an den schnellen Stilwechsel vom Abstract Expressionism im Sinne Jackson Pollocks zum Tachismus, zur L'art informel, zum Minimalismus, zur Op Art und schließlich zur Monochromen Malerei, dem in der Musik dieser Ära der Wandel vom Schönbergisieren zur Webernschen Serialität, zur Aleatorik, zum Bruitismus und zur Elektronik sowie in der Literatur vom Neorealismus zur »Zweiten Phase des Expressionismus« (Gottfried Benn), zur Hermetischen Kalligraphie, zum Absurden Theater, zur Konkreten Poesie und zum Lettrismus entsprach.

Die künstlerischen Erzeugnisse dieser verschiedenen Spielarten einer sich als avantgardistisch verstehenden Modernität wurden – im Anklang an die damaligen Modeprodukte der Pariser Haute Couture eines Christian Dior – in der neuigkeitssüchtigen Tageskritik der großen Zeitungen und Illustrierten gern als Kreationen des jeweili-

4   Hann Trier: *Ambidextro* (1959)

gen »dernier cri« ausgegeben, während man sie auf Seiten der anspruchsvolleren Kunsttheoretiker und -theoretikerinnen eher als die zwangsläufigen Produkte einer unaufhaltsamen ästhetischen Liberalisierung ins Antikollektivistische, also als Wandlungen von einer totalitaristisch ausgerichteten »Art dirigé« zu einer subjektivistisch unverpflichteten »Art libre« herausstrich (Werner Haftmann). Im Rahmen der letzteren Richtung wurde zwar, vor allem in der E-Musik und der seriösen Malerei, das Neue auch um des Neuen willen begrüßt, es jedoch auf kunstimmanente Entwicklungen zurückgeführt, denen man im Widerspruch zu der vielfach propagierten Autonomie der ästhetischen Mittel, das heißt in scharfer Ablehnung aller ideologischen Vorentscheidungen, zumeist rein persönlichkeitsbezogene und damit einer fortschreitenden »Verwestlichung« dienliche Impulse unterschob.

Wenn man solchen Äußerungen Glauben schenken wollte, handelte es sich bei den Exponenten und Exponentinnen dieser Form von Avantgarde vornehmlich um kunstbesessene Vorreiter und Vorreiterinnen einer ins angeblich Offene, Andersartige und Unerforschte tendierenden Kunst (Max Bense), bei der lediglich die immer auffälliger werdende Freisetzung aller künstlerischen Materialien und Ausdrucksmittel im Vordergrund gestanden habe. Das mag im Rahmen des subjektiven Bewußtseins einzelner Künstler und Künstlerinnen durchaus so gewesen sein, rückt aber die hier anvisierte »Moderne« – wegen der Betonung der rein formal ausgerichteten Aspekte ihrer Kunst – streckenweise recht nah an die mit hektischer Eilfertigkeit ausgeführten Bestrebungen jener Maxi-Midi-Mini-Designer und -Designerinnen heran, denen es fast ausschließlich um den modischen, das heißt profitsteigernden Charakter ihrer jeweiligen Neuigkeitsentwürfe ging.

Demzufolge läßt sich diese Richtung keineswegs mit den bekannten Avantgarde-Bewegungen seit der Mitte des 19. Jahrhunderts – wie dem Vormärz, dem Naturalismus, dem Expressionismus, der Linksfront der Weimarer Republik oder der antifaschistischen Exilkunst – vergleichen, bei denen die ästhetische Formgebung zugleich im Zeichen kämpferisch angestrebter Veränderungen der politischen und sozialen Verhältnisse innerhalb einer als absolutistisch, militaristisch und ausbeuterisch empfundenen Gesellschaft stand. Im Gegenteil, die formalästhetische Avantgarde der fünfziger und frühen sechziger Jahre war in der ehemaligen Bundesrepublik keine rebellische, sondern eher eine restaurierte, korrumpierte und damit »institutionalisierte« Avantgarde (Peter Bürger), die im NATO-Bereich schon um 1955 zur Kunst des gesellschaftlichen Establishments aufstieg und großzügige staatliche, kommunale und konzerngesponserte Fördermittel erhielt.

In ihrem formalistischen, abstrakten oder absurden Charakter und der dahinter stehenden konformistisch-nonkonformistischen Ideologie der Ideologielosigkeit wandte sich diese Richtung gegen jedwede realistische und damit rebellische Kunst gesellschaftskritischer Provenienz, die man in Westdeutschland im Zuge des sich entfaltenden Kalten Krieges auf Seiten der offiziellen oder offiziösen Kunstkritiker und -kritikerinnen (Will Grohmann, Karl Korn, Friedrich Sieburg) meist auf höchst diffamierende Weise mit den als minderwertig bezeichneten Tendenzen in der Kunst jener Deutschen Demokratischen Republik gleichsetzte, in der ein Bundeskanzler wie Konrad Adenauer zeit seines Lebens lediglich eine verachtenswerte »Sofjetzone« sah. Und wo man nicht so offen argumentierte, wurden alle kollektivistischen, das heißt überindividuellen Neigungen zumindest als vorgestrig oder gar hoffnungslos veraltet hingestellt. Was dadurch an die Stelle der älteren Avantgarde-Vorstellungen trat, war schließlich jener »Modernismus«, der zwar wie früher zu seiner weltanschaulichen Charakterisierung rebellisch klingende Adjektive wie antitraditionell, provokant oder aktivistisch (Walter Höllerer, Hans Heinz Stuckenschmidt, Albert Schulze-Vellinghausen) heranzog, aber letztlich im formalästhetischen Bereich des Sezessionistisch-Elitären, Ziellos-Snobistischen oder Techno-Fetischistischen blieb und dabei sein Genügen fand.

5. Die hermetische »Moderne« der Frankfurter Schule

»Das Neue als Kryptogramm ist das Bild des
Untergangs; nur durch dessen absolute Negativität
spricht Kunst das Unaussprechliche aus, die Utopie«
(Theodor W. Adorno).

Aber mit so wenigen und obendrein typologisch vereinfachenden Argumenten läßt sich der ästhetische Avantgardismus oder Modernismus in der westdeutschen Bundesrepublik der fünfziger und frühen sechziger Jahre, der alle angeblich außerkünstlerischen Tendenzen geringschätzte und sich – in bewußter oder unbewußter Parallele zum herrschenden »Wirtschaftswunder« – lediglich einer unaufhörlichen Materialrevolution verschrieb, ideologiekritisch nicht abservieren. Schließlich haben einige Hauptvertreter und -vertreterinnen dieser Richtung die Beschränkung auf die von ihnen als avantgardistisch bezeichneten Formwandlungen – mochten sie nun in Richtung auf das Abstrakte in der Malerei, das Atonale in der Musik oder das Absurde in der Literatur zielen – in zum Teil vieldiskutierten Schriften mit einem kunstphilosophischen Überbau versehen, der eine etwas genauere Betrachtung verdient. Vor allem Theodor W. Adorno und seine Anhänger und Anhängerinnen stellten damals diesen Modernismus zugleich als Protest gegen den zunehmenden Trend ins Entfremdete, Verwaltete, Beschädigte oder Verfallende innerhalb aller hochindustrialisierten Gesellschaften hin, dem – in Anlehnung an gewisse Thesen in Oswald Spenglers *Untergang des Abendlandes* – eine bedauerliche, aber nicht mehr aufzuhaltende »negative Dialektik« oder »universalgeschichtliche Regression« zugrunde liege.

Zugegeben, es gab in diesem Umkreis auch einige Stimmen, die dieser halb kritisch, halb melancholisch gesehenen Entwicklung mit recht engagierten sozialen oder politischen Programmen entgegenzutreten versuchten (Oskar Negt). Doch die meisten Vertreter und Vertreterinnen der Frankfurter Schule haben in den sechziger Jahren solche Konkretisierungen ins Soziale oder Politische weitgehend abgelehnt und sich statt dessen bemüht, gerade der als unpolitisch ausgegebenen Kunstautonomie einen ins politisch Engagierte umschlagenden Sinn abzugewinnen. Statt die Kunst zum Instrument einer gesellschaftlichen »Indienstnahme« zu erniedrigen, das heißt ihre Produzenten und Produzentinnen aufzufordern, eine der ihnen als fortschrittlich-humanisierend erscheinenden Anschauungen innerhalb der jeweils miteinander konkurrierenden Ideologien zu unterstützen, hielten sie – wie fast alle Befürworter und Befürworterinnen des angeblich avantgardistischen Modernismus – hartnäckig daran fest, daß jede Wendung ins Empirisch-Gesellschaftliche und damit Realistische notwendig zur Aufgabe der ästhetischen Autonomie und somit zur Entkunstung der Kunst führen müsse.

Bemühungen dieser Art desavouierte deshalb die Frankfurter Schule von vornherein als »Banausie«. Für sie konstituierte sich Kunst nur als konsequente Aussonderung der ästhetischen Sphäre aus jener wirklichkeitsverhafteten Einstellung, deren Exponenten und Exponentinnen immer noch nicht begriffen hätten, daß eine wahrhaft ernstzunehmende Kunst weder an ein »eingreifendes« Denken im Sinne Bertolt Brechts noch an das weitverbreitete Neuigkeits- oder Entspannungsbedürfnis appellieren dürfe. Im Gegensatz zu solchen Anschauungen vertraten die Angehörigen dieser Schule meist die These, daß sich eine genuine Kunst lediglich an jene Menschen wende, wie es bei Theodor W. Adorno immer wieder heißt, die sich – inmitten längst veralteter linker Weltveränderungsideologien sowie der ihnen entgegentretenden Manager und Managerinnen der allgewaltigen Kulturindustrie mit ihren optimistisch gestimmten »Business as usual«-Maximen – einen Sinn dafür bewahrt hätten, daß jede sich »modern« verstehende Kunst, die es wert sei, wegen ihrer Hoffnungslosigkeit als »widersetzlich« herausgestrichen zu werden, stets im Zeichen der Zerrüttung, des Unheils, ja des unausweichlichen Todes stehen müsse. Und als Beispiele dafür zogen sowohl er als auch andere Frankfurtisten und Frankfurtistinnen gern inhaltlich düstere Werke wie Arnold Schönbergs *Erwartung*, Alban Bergs *Lulu*, Franz Kafkas *In der Strafkolonie* oder Samuel Becketts *Warten auf Godot* heran.

Im Rahmen dieser Sehweise, die jeden »politisch avantgardistischen Eifer« entschieden ablehnte, hat nach Adornos *Ästhetischer Theorie* die »Wahrheit des Neuen« ihren Ort allein im »Intentionslosen«. Statt Kunst an sorgfältig durchformulierte Weltanschauungen oder Utopien, das heißt »an Schein oder Trost zu verraten«, lesen wir bei ihm sowie den zahllosen Nachbetern und Nachbeterinnen solcher Ansichten immer wieder, müsse sie stets im Bereich des Unausdrückbaren, Hermetisch-Verschlossenen und damit Außergesellschaftlichen verharren. Wenn Kunst heute überhaupt noch irgendeine Relevanz aufweise, wird uns in den Schriften dieser Richtung unentwegt versichert, dann nur durch ihre Dissonanz, ihre Unrealistik, ihre Rätselhaftigkeit, ihre Häßlichkeit, kurz: ihre absolute Negativität, in der – aufgrund ihres politischen Desengagements und damit ihrer absoluten »Offenheit« – die einzige Möglichkeit eines dialektischen Umschlags ins völlig Andersartige, noch Nichtgeahnte bestehe. Für die strengen Adornisten und Adornistinnen gibt es daher bis heute meist nur einen ganz kleinen Kanon genuin »moderner« Kunst. Alles andere, was nicht im Zeichen des Unheils und der zerbrechenden Formen stehe, sondern einen schmählichen Solidarpakt mit der rein negativ gesehenen gesellschaftlichen Praxis – ob nun der Kulturindustrie des Westens oder des Sozialistischen Realismus der ehemaligen Volksdemokratien des Ostens – eingegangen sei, wird von ihnen aus dem Bereich jener Kunst, die wahrhaft zählt, mit anderen Worten: die sich gegen jedwede kommerzielle oder ideologische Vereinnahmung sperrt, von vornherein ausgeschlossen.

Und damit verliert diese Theorie, die sich so gern als »kritisch« hinstellt, zwangsläufig jene aufmüpfige oder gar rebellische Note, die einmal die älteren Avantgarde-Bewegungen des späten 19. und frühen 20. Jahrhunderts auszeichnete. Da sie sich einer konformistisch-nonkonformistischen Ideologie der Ideologielosigkeit befleißigt, bekommt sie – gewollt oder ungewollt – zwangsläufig einen Zug ins Ausweichende und damit Affirmative. Trotz ihrer ständig zur Schau gestellten Verzweiflung am Verfallszustand der Welt bietet sie keine programmatischen Intentionen auf, mit der sich die als unleidlich hingestellten Zustände eventuell ändern ließen.

Immer wieder wird hier, wie in Adornos *Minima moralia*, nur das »beschädigte« eurozentrisch-bürgerliche Ich bedauert, während die in aller Welt tatsächlich Unterdrückten, Verarmten, Behinderten, Ausgebeuteten und Rechtlosen kaum beachtet werden. Im Rahmen dieser Theorie wohnt man immer noch in jenem inzwischen sprichwörtlich gewordenen »Grand Hotel Abgrund« (Georg Lukács) und besänftigt sein halbwegs schlechtes Gewissen mit dem relativ bequemen Trost, daß es ohnehin »kein richtiges Leben im Falschen gebe«. Selbst die Kunst hat hier, wie es in Adornos *Philosophie der Neuen Musik* heißt, ihre »gesellschaftliche Kommunikation« zugunsten einer noch unentschlüsselten »Flaschenpost« aufgegeben, von der man allerdings nicht weiß, an welchen Ufern sie dereinst landen werde. Dementsprechend ist der ästhetische Modernismus der Frankfurter Schule, der sich jeder Sinngebung und damit Anpassung an das angeblich »Falsche« verweigert, letztlich ein höchst vager Trost, auf dessen lindernde oder dialektisch-umschlagende Wirkung man offenbar bis zum Sankt Nimmerleinstag warten muß.

6. Der postmoderne »Modernismus«

> »Ich glaube heute weniger denn je, daß man an der strengen Einteilung in High-, Middle- und Low-brow-Kultur festhalten kann«
> (Umberto Eco).

Eine so negativistisch gestimmte und zugleich elitär-komfortable Sicht »moderner« Kunst konnte sich in den um eine unaufhörliche Akzeleration der wirtschaftlichen Wachstumsrate bemühten hochindustrialisierten Ländern des sogenannten Westens selbstverständlich nur in den höheren Regionen des universitären Lebens ausbreiten, wo man – aus Gründen einer geistigen Rang- und Standeserhöhung – ohnehin zumeist intellektuelle Außenseiterpositionen privilegiert. In den mittleren Regionen der journalistischen Kulturkritik herrschte und herrscht dagegen nach dem Scheitern der Achtundsechziger Bewegung in jenem Bereich, der sich als systemimmanent versteht, eine wesentlich »kuhlere« Sicht der gegenwärtigen Kunstbemühungen. Neben den älteren Formalisten und Formalistinnen, die weiterhin jeder »brandneuen« Innovation hinterherlaufen, dominieren hier seit den frühen achtziger Jahren eher die Vertreter und Vertreterinnen jener Richtung, welche häufig als »Die postmoderne Moderne« (Jean-François Lyotard) ausgegeben wird. Damit wollen diese Schichten sagen, daß sie zwar weiterhin auf einen modernistischen Avantgardismus schwören, aber damit – im Gegensatz zu den Nachkommen der Frankfurter Schule – keine möglicherweise ins Nebulös-Positive umschlagenden diskursiven Zielsetzungen mehr verbinden, hinter denen irgendwelche, nicht näher definierte Flaschenpost-Hoffnungen stehen, sondern daß sie im Gegensatz dazu betont »antiteleologische« Anschauungen oder eine unbestimmt bleibende »transversale Vernunft« (Wolfgang Welsch) bevorzugen.

So gesehen, will diese Richtung zwar nach wie vor den modischen Nouveautébetrieb unterstützen, aber ohne dabei irgendetwas substantiell »Neues« zu propagieren. Der postmoderne »Modernismus« verzichtet überhaupt auf jede programmatische Zielvorstellung. Im Gegensatz zu den hochkulturellen Ansprüchen der frühen Adornisten und Adornistinnen, die sogar den Jazz als eine ästhetisch minderwertige Kunstform ablehnten, geht es ihm eher um eine Kunstauffassung, die selbst vor den willkürlichsten, ja skurrilsten Kombinationen zwischen dem kleinen »E« und dem großen »U«, das heißt der Ernsten Kunst und der Unterhaltsamen Kunst bzw. der High Culture und der Low Culture nicht zurückschreckt, um sich so pluralistisch wie nur möglich zu geben und sich damit ein »demokratisch« aussehendes Feigenblatt vorzuhängen. Über als nationalistisch, traditionalistisch oder bildungsbürgerlich diffamierte »Ansprüche« wird daher in diesem Umkreis, wo man sich im Gefolge kulturindustrieller Marketingstrategien gern einen »globalisierenden« Anschein zu geben versucht, nur noch gelächelt. Das ist zum Teil – im Hinblick auf ältere modernistische Überspanntheiten auf diesem Gebiet – durchaus berechtigt. Doch mit dem Verzicht auf solche Ansprüche

5   Matthew Barney: Standfoto aus dem Film *Cremaster* 4 (1994) als Umschlagbild für das Buch *After Modern Art* (2000) von David Hopkins

werden meist auch die letzten gesellschaftskritischen Aspirationen aufgegeben und eine ins Willkürliche, Wahrheitsentpflichtete, ja ideologisch Unverbindliche (Jean Baudrillard) zielende Tendenz unterstützt, wie es sowohl in Terry Eagletons *The Illusions of Postmo-*

dernism als auch in Thomas Metschers Studie *Zivilgesellschaft und postmodernes Bewußtsein* heißt.

Was daher innerhalb dieser Sparte der »Postmodernen Moderne« oder »Neueren Moderne« (Heinz Paetzold) an medialen Interessantheiten vorherrscht, stammt meist aus einem Formenarsenal, in dem es zwar von raffinierten wie auch bewußt dezentrierend eingesetzten künstlerischen Stilmitteln wie der Bricolage, des Capriccio, der Collage, der Intertextualität, des Karnevalistischen, des Palimpsests, der Pastiche, der Parodie, des Plagiats, der Refiguration und der Travestie nur so wimmelt, womit jedoch eher das Spielerische oder Transitorische als das Bedeutsame dieser Kunst unterstrichen werden soll. Demzufolge wirken viele Werke dieser Richtung wie Simulationen oder Kopien von Werken, deren Originale längst verloren gegangen sind (Jean-François Lyotard). Das Ergebnis solcher ästhetischen Strategien ist daher oft eine »Kunst«, die letztlich – trotz ihrer zum Teil recht poppigen Verpackung – selbst im Bereich des Films, der bildkünstlerischen Objekte, der Videopräsentationen oder anderer Kunstformen dieser Art keinen wahrhaft demokratisch-pluralistischen Charakter hat, sondern in jenem Ghetto der Intellektualität verharrt, dessen Mauern auch die anderen Untergruppen dieser vorgeblich modernistisch-avantgardistischen Abart der »Moderne« lange Zeit nicht durchbrechen konnten – oder auch gar nicht durchbrechen wollten.

Wenn daher diese Richtung im Bereich der Kunst überhaupt noch etwas will, dann eine »Zernichtung« aller ideologischen Programmatik – außer der indirekt apologetischen Programmatik ihrer eigenen Ideologie der Nichtideologie. Sie zitiert, weil sie die Geschichte aufheben will, sie betont das Spielerische, um nicht allzu seriös zu wirken, sie läßt sich nicht festlegen, weil sie den Anschein des Pluralistischen erwecken will, kurzum: sie verbirgt – nach dem Scheitern so vieler weltanschaulicher Hoffnungen der sechziger und siebziger Jahre – ihren zutiefst resignierenden Charakter meist hinter einer Fassadenkultur, die eine relativ statische Note hat. »Ihre Künstler«, heißt es bei Wolfgang Welsch dementsprechend voller Stolz auf diese Sehweise, »wollen nicht mehr ästhetische Handlanger und

Propagandisten einer gesellschaftlichen Utopie sein«. Ja, unter den Voraussetzungen der Postmoderne, erklärte Jean-François Lyotard schon vor ihm, sei es geradezu unmöglich geworden, sich auf dem Gebiet der Künste »für die menschliche Gemeinschaft verantwortlich einzusetzen«. Von den Kritikern und Kritikerinnen derartiger Tendenzen wird daher dieser Spekulationsbereich häufig als eine »Ästhetik der Unverbindlichkeit« (Heleno Sana) verworfen.

7. Pauschalisierungen ins Negative

Im Rahmen solcher Einebnungen ins Formalästhetische wird im Umkreis derartiger Theorien im Hinblick auf die Kunst des 20. Jahrhunderts häufig bloß noch von einer »modernen« sowie einer »postmodernen« Phase gesprochen. Und zwar werden diese zwei Begriffe dabei keineswegs als chronologisch klar aufeinander folgende Epochenbezeichnungen verstanden, sondern weitgehend als sich überlagernde oder überlappende Kunst- und Denkformationen hingestellt, die sich weder politisch noch sozialhistorisch konkretisieren lassen. Vor allem der Begriff »modern« wird innerhalb derartiger Spekulationen von vielen Theoretikern und Theoretikerinnen der Postmoderne, die angeblich so viel Wert auf einen genau differenzierenden Diskurspluralismus legen, gern mit journalistischer Wonne ins Ahistorische und damit gesellschaftlich Unspezifische verallgemeinert. Um sich nicht auf irgendwelche begriffsgeschichtlichen Klarstellungen einlassen zu müssen, die – wie in den Werken von Philippe Ariès, Pierre Bourdieu, Fernand Braudel, Terry Eagleton, Norbert Elias, Richard Hamann, Arnold Hauser, Wolfgang Heise, Eric J. Hobsbawm, Hans Heinz Holz, Fredric Jameson, Aby Warburg, Robert Weimann, Raymond Williams sowie anderer empirieverpflichteter Kulturhistoriker – auch die ideologischen, sozioökonomischen, geschlechtsspezifischen und kulturellen Voraussetzungen bei der Entstehung von Kunst mitberücksichtigen würden, werden im Zuge solcher Pauschalisierungen geradezu alle künstlerischen Strömungen zwischen 1885 und 1980 – von gewissen »totalitaristischen« Entartungen ins Faschistische oder Kommunistische einmal abgesehen – häufig unterschiedslos der sogenannten »Moderne« zugeordnet. Um dabei die Entwicklungen in der Kunst der letzten dreißig bis vierzig Jahre als etwas Besseres, das heißt endlich Zu-sich-selbst-Gekommenes herauszustreichen, kanzeln deshalb manche US-amerikanischen Postmoderne-Fans die unablässige Neuerungssucht der älteren »Moderne«, die ständig zu noch ungeahnten Ufern aufbrechen wollte, statt sich mit dem marktwirtschaftlich Erreichten zufrieden zu geben, mit überkompensatorischer Attitüde, der man noch immer den früheren Inferioritätskomplex der europäischen Hochkultur gegenüber anmerkt, gern als intellektuell-progressivistisch ab. Diese Gruppen wollen seit dem Siegeszug der New Yorker Pop Art endlich am Samstagnachmittag mit einer Coke und einem Hotdog einem Baseball Game zusehen und sich außerdem an Comix, Western, Ratespielen, Situation Comedies, Krimis oder Pornos delektieren, ohne dabei ein »schlechtes Gewissen« zu haben (Leslie A. Fiedler). Über interpretatorische Auseinandersetzungen mit Werken von ehemals hochgeschätzten Vertretern des sogenannten High Modernism wie T. S. Eliot, James Joyce, Wassili Kandinsky, Paul Klee, Thomas Mann, Marcel Proust oder Arnold Schönberg wird daher in diesem Umkreis nur noch gelächelt. Infolgedessen überwiegen bei derartigen Kritikern und Kritikerinnen im Hinblick auf die höheren bzw. höchsten Formen der »Moderne« weitgehend negative Charakteristika. »Modern« bedeutet im Umfeld solcher Verallgemeinerungen, die inzwischen auch auf Europa übergegriffen haben, meist teleologisch, das heißt in einem angeblich obsolet gewordenen Sinne entwicklungsgeschichtlich orientiert, utopistisch, rationalistisch, überindividuell, futuristisch oder – noch diffamierender – konsumverachtend, unnötig anspruchsvoll, e-kulturell, wenn nicht gar elitär. Und solchen Charakteristika setzten nach dem Einbruch der »Postmoderne« manche der entschiedensten Gegner und Gegnerinnen der bildungsgesättigten Hochmoderne seit den achtziger Jahren in ihren Kunsttheorien gern neue ideologische Leitadjektive wie antiutopistisch, augenblicksorientiert, subjektivistisch, emotionsgeladen, populistisch, u-kulturell, wenn nicht gar konsumistisch entgegen (Norbert Bolz), die eine angebliche Wendung ins »Demokratische« andeuten sollen. Doch ist »demokratisch« letztlich nur noch das, was einer auf sinnlichen Genüssen beruhenden Verbrauchergesinnung entspricht und damit – gewollt oder ungewollt – die absatzfördernden Slogans der herrschenden Konsumgüterindustrie unterstützt, die in die gleiche Richtung zielen?

8. Das Postulat einer kulturhistorischen Differenzierung

Wer solchen Tendenzen effektiv entgegentreten will, sollte wenigstens bei ästhetischen Fragestellungen im Hinblick auf das Ende des 19. Jahrhunderts und die ersten zwei Drittel des 20. Jahrhunderts den Begriff »Moderne« entweder ganz vermeiden oder deutlicher als bisher zwischen den verschiedenen Spielarten dieser angeblichen »Moderne« unterscheiden, mit anderen Worten: sich um kulturhistorisch wesentlich spezifischere Begriffsbestimmungen bemühen. Dabei brauchten solche Theoretiker und Theoretikerinnen nicht unbedingt zu den älteren, meist formalästhetisch gefärbten Stil- und Ismenetiketten (Naturalismus, Impressionismus, Neoimpressionismus, Symbolismus, Neuromantik, Jugendstil, Wiener Sezession, Heimatkunst, Dekorativismus, Neuklassik, Expressionismus, Neue Sachlichkeit etc.) zurückzukehren, sondern könnten durchaus in kulturwissenschaftlicher oder diskursanalytischer Weise verfahren, das heißt bei der begrifflichen Charakterisierung dieser verschiedenen »Modernismen« neben ihrer künstlerischen Formgebung auch auf ihre ideologischen Intentionen sowie ihr soziales Umfeld eingehen, in dem sie sich zu entfalten suchten.

Doch anstatt sich auf solche ins gesellschaftlich Konkrete vorwagenden Bemühungen einzulassen, herrscht auf diesem Gebiet – selbst bei politisch relativ liberal gesinnten Interpreten und Interpretinnen – oftmals die Tendenz, sich im Hinblick auf die sogenannte Moderne mit nominalistischen Differenzierungen im Sinne einer »Historischen Moderne«, einer »Klassischen Moderne«, einer

»Reaktionären Moderne«, einer »Neueren Moderne«, einer »Zweiten Moderne«, einer »Literarischen Moderne«, einer »Musikalischen Moderne«, einer »Architektonischen Moderne« usw. zu begnügen und außerdem ebenso bedeutungslose Pauschalbegriffe wie »Modernismus« oder »Modernität« in die kulturtheoretischen Debatten einzubringen, um damit auf die vielfältigen »Modernisierungsschübe«, wie es heute vielfach heißt, in der Kunst der ersten zwei Drittel des 20. Jahrhunderts hinzuweisen. Was damit gewonnen wird, bleibt manchmal recht unklar. Letztlich laufen solche Begriffsbildungen durch den Hauptakzent auf einer größtenteils recht abstrakt aufgefaßten »Modernität« meist auf die tautologische Feststellung hinaus, daß das »Moderne« eben das »Moderne«, das heißt das Neue und nicht das Alte ist. Schließlich werden derartige theoretische Erwägungen, die um den Begriff »Moderne« kreisen, nur in den seltensten Fällen mit einer an geschichtlichen Wendepunkten orientierten politischen, sozialen oder kulturellen Periodisierung verbunden. Statt dessen wird das »Moderne« immer wieder als das Sich-Wandelnde, Flüchtige, Transitorische hingestellt, das nur schwer zu fassen sei, weil es ständig durch etwas noch »Moderneres« verdrängt werde.

Dementsprechend verstehen viele solcher Kulturtheoretiker und -theoretikerinnen unter »modern« meist nur eine Tendenz ins Neu- oder Andersartige, ohne dabei gesellschaftlich konkreter zu werden. An sich könnte ja der damit implizierte Veränderungsdrang etwas durchaus Positives sein, wenn er im Sinne jenes »Projekts der Moderne«, das Jürgen Habermas auf seine Fahne geschrieben hat, von ins wahrhaft Demokratische tendierenden Impulsen gespeist würde. Im Gegensatz zu derartigen Wunschvorstellungen bleibt jedoch die Modernität bzw. die Moderne, von der bei solchen Gruppen so viel die Rede ist, meist ein rein äußerliches Phänomen. Genauer besehen, nimmt sie auf dieser Diskursebene fast die Züge der angeblich auf sie folgenden Postmoderne an und läßt sich deshalb – wegen ihrer undialektischen Züge – nur als Bewegung ohne Bewegung, als marktorientiertes Nouveautéwesen oder als bloßes »Herumneuern« (Bertolt Brecht) charakterisieren. Wer eine noch schärfere Sonde ansetzen würde, könnte geradezu sagen, daß es für die Vertreter und

Vertreterinnen solcher bewußt entideologisierten und damit alle Gegenbewegungen ausschaltenden Sehweisen immer nur eine Folge unablässig weiterdrängender »Modernisierungsschübe« gegeben hat, als deren Endergebnis sich unsere im Zeichen einer neoliberalistischen und damit ungehemmten Marktwirtschaft stehende Gesellschaftsordnung erweist, in der auch die Kunst, und zwar in allen ihren Spielarten, Teil eines bedürfnissteigernden und damit profiteinträglichen Nouveauté-Betriebs geworden ist.

9. Die »Moderne« innerhalb der systemkritischen Kunst

> »Modern ist nur das Streben nach einer anderen Gesellschaft
> als der kapitalistischen oder der faschistischen«
> (Alexander Rodtschenko).

Eine der wenigen Formen der vielbeschworenen »Moderne« in der Kunst des 20. Jahrhunderts, die sich seit der russischen Oktoberrevolution und dem Ende des Ersten Weltkriegs nicht mit der herrschenden Aufspaltung in eine E-Kultur der ästhetischen Nonkonformität und des damit verbundenen gesellschaftlichen Elitismus sowie eine U-Kultur des Populistisch-Marktgängigen abfand, war jene Richtung, die sich innerhalb der linksliberalen bis linken Kunstströmungen der zwanziger Jahre vornehmlich in der UdSSR, Mexiko, Spanien, Ungarn, Frankreich, der Weimarer Republik sowie den Vereinigten Staaten formierte und ihre formalen Innovationen entweder in den Dienst einer verstärkten Volksaufklärung zu Gunsten eines systemkritischen Sozialismus oder im Kampf gegen den internationalen Faschismus entwickelte, der sich damals in vielen europäischen Ländern auszubreiten bzw. bereits durchzusetzen begann. Wer in diesem Umkreis von »Moderne« sprach, meinte damit weniger das Neuartige einer als vorübergehender Mode hochgejubelten ästhetischen Ausdrucksform als eine konkrete, auf Veränderung der gesellschaftlichen Verhältnisse drängende Alternative zur schlechten

6 HAP Grieshaber: *Der 1. Mai* (1978)

Realität der kapitalistischen Kulturindustrie und der hinter ihr stehenden Konzernherrschaft.

Diese Art der »Moderne«, deren Vertreter und Vertreterinnen in manchen Ländern zum Teil bis in die siebziger und achtziger Jahre aktiv blieben, verschrieb sich daher weder der Innovation um der Innovation willen noch sperrte sie sich gegen eine ideologische Indienstnahme, sondern versuchte ihre formalen Gestaltungsprinzipien im Sinne eines gesellschaftskritischen Realismus oder einer an avantgardistischen Techniken geschulten »linken Materialästhetik« der späten zwanziger Jahre (Werner Mittenzwei) aus den Bedingungen ihres politischen und zugleich sozioökonomischen Kampfes abzuleiten. Bei ihr stand also weder das Bildungsbürgerlich-Exquisite, Interesselos-Modernistische oder Individuell-Leidende noch das Populistisch-Marktgängige oder Verspielt-Dezentrierte im Vordergrund. Statt dessen drückte sie stets die Leiden und zugleich den kämpferischen Geist der politisch, sozial und kulturell unterdrückten Schichten der Bevölkerung aus, wie die Werke von Diego Rivera, David Alfaro Siqueiros, Frida Kahlo, Pablo Neruda, John Reed, Upton Sinclair, Ben Shahn, Maxim Gorki, Wsewolod Meyerhold, Alexander Rodtschenko, El Lissitzky, Wladimir Tatlin, Sergej Eisenstein, Sergej Tretjakow, Wladimir Majakowski, Dimitrij Schostakowitsch, Sergej Prokofjew, Paul Eluard, Jean-Paul Sartre, Simone de Beauvoir, Pablo Picasso, Ernst Barlach, Käthe Kollwitz, Ernst Toller, Bertolt Brecht, John Heartfield, George Grosz, Hanns Eisler, Anna Seghers, Fritz Cremer, Werner Tübke, Heiner Müller, Volker Braun, Peter Weiss, Helmut Andreas Paul Grieshaber, Günter Wallraff sowie vieler anderer Künstler und Künstlerinnen dieser Richtung belegen.

Im Hinblick auf die Gemälde, Fresken, Statuen, Graphiken, Plakate, Filme, Dramen, Romane, Gedichte und musikalischen Kompositionen dieser zwar ideologisch nicht gleichgeschalteten, aber dennoch ähnlich gesinnten Bewegung kann man darum in den ersten zwei Dritteln des 20. Jahrhunderts durchaus von einer »operativen Ästhetik« oder auch umfassenden »Avantgarde« im älteren Sinne der Jakobiner, Saint-Simonisten, Vormärzler, Naturalisten, Expressionisten oder Volksfrontexilanten sprechen, die sich nicht auf eine formalästhetische oder auch nur modische Neufassung ihrer künstlerischen Stilmittel beschränkte. Hier galt die Produktion von Kunst stets als ein Akt, welcher der Befreiung der Nichthabenden aus dem Zustand der Unterdrückung durch die Habenden dienen sollte, wie es – kurz nach 1930 – Bertolt Brecht in seinem Drama *Die Mutter* und Walter Benjamin in seinem vielzitierten »Kunstwerk«-Aufsatz forderten. Es war das ideologische und ästhetische Telos dieser Art von »Moderne«, einen Zustand herbeizuführen, in dem die Einen – im Gegensatz zu allen älteren feudalistischen oder bürgerlichen Gesellschaften – nicht mehr auf Kosten der Anderen leben würden. Mit dieser Kunst wollte man endlich Schluß damit machen, daß sich die Oberen im Rahmen ihrer privilegierten Bildungskultur mit interesselosem Wohlgefallen an einer Kunst delektieren, die lediglich ihre eigenen subjektiven Bedürfnissen befriedigt, und zugleich kaltherzig über jenen Kommerzkitsch der herrschenden Kulturindustrie lächeln, der den unteren Volksschichten als massenmediale Zerstreuung vorgesetzt wird, um sie im Zustand eines falschen Bewußtseins zu halten.

10. Nach der Wende

Daß das 20. Jahrhundert, dessen bedeutsamste Kunstleistungen zum Teil aus dem Geist der linksliberalen bis linken Bewegungen stammen, zugleich das Jahrhundert war, in dem nicht nur diese Bewegungen, sondern auch die mit ihnen verbundenen Künstler und Künstlerinnen eine schmähliche Niederlage nach der anderen erlebten und nach der sogenannten Wende der späten achtziger Jahre auf höchst massive Weise in den Hintergrund gedrängt wurden, bewirkte einen Kulturverlust größten Ausmaßes, während der »modernistische« Innovationismus innerhalb der marktwirtschaftlichen Kulturverhältnisse im gleichen Zeitraum ständig neue Urständ feierte. Allerdings hing das nicht nur mit dem im Kalten Krieg erfochtenen Siegen des von den USA angeführten Weltkapitalismus über den sogenannten Ostblock zusammen, sondern hatte auch eine Reihe interner Gründe. Schließlich erstarrte diese linksliberale bis linke »Moderne«, welche ihre besten Leistungen im Ankampf gegen die kapitalistisch-ausbeuterischen und faschistisch-reaktionäre Führungsgremien sowie ihre künstlerischen Mitläufer und Mitläuferinnen entwickelte, in dem Moment, als sie im stalinistischen Herrschaftsbereich zur sozialistischen Staatskunst wurde und ihre kämpferischen Züge nach dem 1. Allunionskongreß der sowjetischen Schriftsteller im Jahr 1934 zu Ungunsten einer forciert integrationistischen Kunstauffassung opfern mußte, bei der eher abbildrealistische oder klassizistisch-regressive als sozialistisch-vorwärtsweisende Ausdrucksformen im Vordergrund standen.

Ebenso ungünstige Folgen hatte jener Trend, der im ehemaligen Ostblock – aus Opposition gegen diese Erstarrung der älteren linken Kunstentwicklung – seit den siebziger Jahren für eine größere Freizügigkeit im Sinne westlich-modernistischer Kunsttendenzen eintrat, was zu einer ideologischen und ästhetischen Selbstaufgabe der sozialistischen Identität innerhalb der »östlichen« Kunst führte und schließlich nach der sogenannten Wende eine Anbiederung oder totale Assimilation an die weitgehend konformistisch affirmative, wenn auch oberflächlich fragmentierte und damit liberal wirkende Kunstpraxis des »Westens« zur Folge hatte. Das bedauerten zwar in diesen Ländern manche der bisherigen Ostblockkünstler und -künstlerinnen seit 1989 im Geheimen, hatten aber – ob sie es wollten oder nicht – aus materiellen Überlebensgründen innerhalb der neuen marktwirtschaftlichen Situation keine andere Wahl, als im U-Kulturellen unterzutauchen oder sich an die strengen Spielregeln der e-kulturellen Absonderung, wenn nicht gar ästhetischen Ghettoisierung zu halten, um überhaupt noch von den akademischen oder journalistischen Kritikern und Kritikerinnen der neuen Bundesrepublik als »Kunstschaffende« ernst genommen zu werden. Eine »dritte« Möglichkeit, bei der sie ihre politische und menschliche Identität behalten hätten, gab es für sie nicht.

11. Jenseits der »Moderne«

Angesichts dieser Vielsträngigkeit innerhalb der Kunst der letzten hundert Jahre, die hier – im Rahmen einer thesenartigen Verknappung – auf wenige Grundtendenzen reduziert wurde, weiterhin von einer ästhetischen »Moderne« schlechthin zu sprechen, wäre unsinnig. Was in den ersten zwei Dritteln des 20. Jahrhunderts, ja selbst noch danach von manchen »westlichen« Kunsttheoretikern und -theoretikerinnen diesem Bereich zugeordnet wurde, ist so vielschichtig und ideologisch aufgespalten, das heißt reicht von unverbindlich bis engagiert, von kommerzorientiert bis parteilich sowie von konsumbetont bis bildungsbürgerlich-elitär, daß man einen solchen Pauschalbegriff in Zukunft lieber vermeiden sollte. Die Kunst dieser Epoche läßt sich keineswegs als überwiegend »modern« bezeichnen, wie das inner- und außerhalb der sich »postmodern« gebenden kulturwissenschaftlichen Disziplinen sowie ihrer journalistischen Nachbeter und Nachbeterinnen häufig geschieht, sondern war, falls man genauer hinsieht, ein Schlachtfeld höchst unterschiedlicher Gruppen bürgerlicher Außenseiter, profitorientierter Medienstars, reaktionärer Modernisten, kämpferischer Linker, fanatischer Nationalisten, in religiösen Vorstellungen befangener Konservativer sowie gesellschaftskritischer »Realisten« beiderlei Geschlechts, die sich weitgehend feindlich gegenüberstanden oder mit intellektuellem Hochmut ignorierten. Im Hinblick auf die von ihnen produzierte oder befürwortete Kunst von einer alle diese Unterschiede mißachtenden »Moderne« zu sprechen, wäre deshalb nicht nur eine fahrlässige Verallgemeinerung oder ein schlechter Witz, sondern eine bewußte Irreführung, mit der man die dahinter stehende Gesamtdialektik der politischen, sozioökonomischen und kulturellen Entwicklungsstränge ins Eindimensionale verflachen würde. So können nur jene reden, für die es aufgrund ihrer materiellen Wohlsituiertheit wie auch ideologischen Triumphgefühle seit 1989 keine »Geschichte« mehr gibt oder die ohnehin allen weltanschaulichen Entscheidungsfragen von vornherein aus dem Wege zu gehen versuchen.

Behalten wir daher lieber die ideologische Orientierung der höchst verschiedenen Spielarten dieser Kunst im Auge, statt sie unter dem nichtssagenden Schlagwort einer westlich-gefärbten, homogenisierten »Moderne« zusammenzufassen, die aufgrund ihrer ständigen Modernisierungsschübe schließlich in unserer heutigen postmodernen oder bereits post-postmodernen Situation kulminierte. Und versuchen wir zugleich die tiefere, obzwar weitgehend verborgene Dialektik unserer eigenen Zeit zu ergründen, um im Rückblick auf das vergangene Jahrhundert auch in der Kunst die richtigen Werteinschätzungen vorzunehmen. Denn nur wer einen Sinn für die kritischen Potenzen der Vergangenheit entwickelt, wird auch die Gegenwart und die in ihr schlummernden Möglichkeiten im Hinblick auf eine andere, bessere Zukunft erkennen – was seit den Einsichten eines Hegel, Marx, Bloch oder Lukács an sich eine Binsenweisheit geworden sein sollte.

DIE RANDSTÄNDIGKEIT WEITER BEREICHE DER HEUTIGEN E-KULTUR

1. Das Besondere der ostdeutschen Situation nach 1989

Die vielbeschworene Wiedervereinigung Deutschlands zu Anfang der neunziger Jahre stellte fast alle Künstler und Künstlerinnen in den sogenannten neuen Bundesländern vor die Entscheidung, ihre ehemals politisch-engagierte Haltung entweder zu Ungunsten eines Untertauchens im massenmedial Unterhaltsamen oder zu Ungunsten eines Rückzugs ins kulturell Randständige aufzugeben. Während manche hierin eine längst überfällige »Liberalisierung« sahen, der man in der DDR von Seiten des Staates immer wieder mit zwanghaften »Vom Ich zum Wir«-Parolen entgegengetreten sei, gerieten andere Vertreter und Vertreterinnen dieser Schicht dadurch in eine tiefe Gewissenskrise, die sie zum Teil bis heute nicht überwunden haben. Aufgewachsen in einem System, in dem die Ernsten oder E-Künste als Vehikel der Volksbildung auf dem Wege zu der »einen großen, gebildeten Nation« (Johannes R. Becher) eine hohe staatliche Priorität besaßen, hatten diese »Anderen« lange Zeit geglaubt, mit ihren Werken einen mitbestimmenden Einfluß auf die politische oder zumindest kulturelle Bewußtseinserhellung der restlichen Bevölkerung ausüben zu können. Und diese Überzeugung, nämlich im Dienst einer höheren Idee zu stehen, hatte ihnen ein beachtliches Selbstwertgefühl gegeben, das sich im Jahr 1989, als Anfang November der große Erdrutsch erfolgte, mit einem Mal in ein Nichts auflöste.

Selbst jene »Kulturschaffenden«, die sich bis dahin als Sendboten oder Sendbotinnen eines demokratischen Sozialismus vorgekommen waren, galten plötzlich vielerorts als hoffnungslos veraltete Stalinisten oder Betonköpfe, denen sogar die wendesüchtige Journaille im »Osten« keine Träne nachweinte. Daher wurden die Besten unter ihnen zusehends »ortlos« (Volker Braun), zogen sich in die provinziellen Randgebiete der inneren Emigration zurück oder erklärten einem englischen Linken wie Eric John Hobsbawm gegenüber: »Wir sind zwar ohne Illusionen, aber nicht ohne Erinnerungen an unsere Träume.« Das wurde ihnen zwar in den Medien der neuen Bundesrepublik mit einem hämischen Unterton als »uneinsichtige Ostalgie« verübelt, hielt sie aber nicht davon ab, dem Westen weiterhin mit einer gewissen Skepsis gegenüber zu stehen.

7   Wolfgang Mattheuer: *Angekommen* (1990)

2. Wahlmöglichkeiten

»Wir müssen das Steigerungssyndrom in uns bekämpfen und zu einem Maß des immer während Heutigen zurückkehren – zu einem Leben, welches das Maß von morgen nicht unbedingt als das bedeutendere Maß ansieht« (Michael Schindhelm, ein noch in der DDR großgewordener Schriftsteller, im Jahr 2000 im *Neuen Deutschland*).

Doch, wie gesagt, daneben gab es auch die Anpassungsbereiten, das heißt die sich ideologisch umorientierenden Mitläufer oder Wendehälse, welche nach der sogenannten Wiedervereinigung in ihren Werken entweder sofort auf den Kurs der westlichen »Moderne/Postmoderne« einschwenkten oder sich um einen Anschluß an die weitverzweigte Medienindustrie in den alten Bundesländern bemühten. Und in beiden Bereichen wurden sie, falls sie es nicht an den erforderlichen Unbedenklichkeitsbescheinigungen oder Reuebekenntnissen fehlen ließen, mehr oder minder wohlwollend begrüßt. Zugegeben, solche Manöver gingen manchmal nicht ohne den auf diesem Parkett üblichen Futterneid ab. Aber – aufs Ganze gesehen – klappte der ästhetische Schulterschluß zwischen den anpassungsbereiten Ossies und den alterfahrenen Wessies innerhalb der verschiedenen Kunst- und Kulturbranchen relativ schnell. Die Anspruchslosen oder Resignierten unter den Neuankömmlingen tauchten in der Anonymität der großen Medienkonzerne, Werbeagenturen, Verlagshäuser, Zeitungsredaktionen, Fachhochschulen, Museen, Kulturverwaltungen oder öffentlich-rechtlichen Sendeanstalten unter, die anderen reihten sich in die wesentlich kleinere Gruppe jener ein, welche sich unter den Bedingungen des marktwirtschaftlichen Prinzips von Angebot und Nachfrage als sogenannte »Freischaffende« durchzuschlagen versuchten. Das Brot der letzteren Gruppe war zwar hart, gab ihnen aber – wie ihren westlichen Kollegen und Kolleginnen – ein neues künstlerisches Selbstwertgefühl, und zwar selbst dann, wenn dieses lediglich auf einer gesellschaftlichen Vogelfreiheit beruhte, die keinerlei direkte Eingriffsmöglichkeiten in das politische oder soziokulturelle Leben bot.

3. Rückzüge in eine gesellschaftsindifferente Autonomie

»Mensch sei schlau / Bleib im Überbau«
(Marburger Wandspruch nach 1975).

Schließlich war diesseits des »Eisernen Vorhangs« – nach dem Abflauen der Schüler- und Studentenbewegung der inzwischen legendär gewordenen Achtundsechziger Ära – seit den späten siebziger Jahren in den höheren Regionen des westdeutschen Kulturbetriebs wieder der Fetisch der ästhetischen Autonomie aufgerichtet worden. Über den Versuch der systemkritischen Gruppen, sich im Ankampf gegen die ins Formalästhetische ablenkende Kunst der fünfziger und frühen sechziger Jahre durch Aufsehen erregende Springer-Tribunale, gesellschaftskritische Faktographien, Open Air Festivals mit rebellischen Liedermachern, Zeitschriften wie *Argument*, *Kursbuch* und *Alternative* oder die Gründung von Werkkreisen schreibender Arbeiter für die Schaffung einer »kämpferisch-demokratischen Gegenkultur« (Oskar Negt) einzusetzen, um auch die unteren Bevölkerungsschichten zu einem aktiven Widerstandsgeist gegen die reaktionär-unterhaltsame und damit politisch-verdummende Medienkultur aufzurufen, wurde demzufolge in den »führenden« westdeutschen Feuilletons zwischen 1975 und 1980 nur noch gelächelt. Und so siegte schließlich – nach manchem Hin und Her – im Kulturbetrieb der ehemaligen Bundesrepublik nicht das gesellschaftskritische Engagement, sondern ein weitgehend gesellschaftsindifferentes Autonomiedenken.

Im Gefolge dieser Tendenzwende kehrten Teile der noch kurz zuvor von progressionsbetonten Ideen begeisterten Achtundsechziger und Achtundsechzigerinnen um 1980 Schritt für Schritt in die elitären Innenräume geschmacksorientierter Spekulationen zurück, wo sie erneut dem für einige Jahre zurückgestellten »subjektiven Faktor« frönen konnten. Eingeschüchtert durch die staatlichen Radikalenerlasse und die damit verbundenen Berufsverbote, aber auch der bitteren Einsicht nachgebend, daß die von ihnen umworbenen gesellschaftlichen Unterschichten an einer möglichen Gegenkultur mit betont proletarischer Akzentsetzung ohnehin wenig Interesse zeigten und sich im Zuge der herrschenden Konsummentalität mehrheitlich den ihnen von den Massenmedien vorgesetzten »Wonnen der Gewöhnlichkeit« hingaben, wurden sich diese Gruppen wieder ihrer eigenen sozialen Andersartigkeit bewußt. Daher empfanden es viele unter ihnen nach diesem Zeitpunkt nicht mehr schmählich, sich erneut für jene Bildungsbürgerlichkeit zu entscheiden, deren ästhetische Theoriebildung auf dem Prinzip des »interesselosen Wohlgefallens« (Immanuel Kant) beruhte, also im Hinblick auf die Kunst eher das elitär Geschmacksbetonte als das gesellschaftlich Relevante herauszustellen. Ja, selbst manche der ehemaligen »Radikalinskis« hörten jetzt wieder Antonio Vivaldis *Vier Jahreszeiten*, schmückten ihre Zimmerwände mit gerahmten Caspar David Friedrich-Drucken oder kauften sich bibliophil ausgestattete Insel-Büchlein, was sie noch wenige Jahre zuvor – inmitten ihrer Che Guevara-Posters, bewußt »provotarischen« Anssteckplaketten und Rolling Stones-LPs – als grenzenlos »bourgeois« empfunden hätten.

4. Hoch-Zeiten der formalästhetischen Theoriebildung

Wie in allen nachrebellischen Zeiten, in denen sich die ehemals Aufmüpfigen vom gesellschaftskritischen Aktivismus der unmittelbaren Vergangenheit abwandten, setzte damit auch in diesen Jahren eine neue Hoch-Zeit formalästhetischer Theoriebildungen ein. Statt im Sinne der Achtundsechziger- und Achtundsechzigerinnen-Bewegung weiterhin die Schaffung einer kämpferisch-demokratischen Gegenkultur ins Auge zu fassen, die auf eine »politische Alphabetisierung« Deutschlands hinauslaufen sollte, wie es 1968 im 15. *Kursbuch* hieß (Hans Magnus Enzensberger), war plötzlich – im Anklang an den konformistischen Nonkonformismus der fünfziger und frühen sechziger Jahre – wieder viel von einer angeblich wertfreien »ästhetischen Autonomie« die Rede, die es gegen jeglichen ideologischen Zugriff zu verteidigen gelte. Und dadurch wurde zwischen 1975 und

1980 der Begriff »ideologisch« im affirmativ eingestellten Zeitungsfeuilleton der westdeutschen Bundesrepublik erneut zu einer Negativvokabel, welche die sogenannten Neoliberalen – in Anlehnung an die älteren Totalitarismustheoreme der Frankfurter Schule – stets dann als »mißlich« hinstellten, wenn es galt, die weithin als autonom hingestellte höhere Kunst gegen alle »Entwürdigungen« ins Empirisch-Realistische in Schutz zu nehmen.

Sich in den Dienst irgendwelcher politisch-engagierter Anschauungen zu stellen, empfanden deshalb viele Postachtundsechziger und Postachtundsechzigerinnen nach diesem Zeitpunkt geradezu als eine peinlich anmutende »Prostitution« oder zumindest als einen kaum zu verzeihenden »Fehler«. Statt dessen huldigten diese Schichten wieder dem Prinzip der subjektiven Einmaligkeit, in dem sie – wie so viele elitäre und damit randständige Gruppen vor ihnen – die wichtigste Prämisse aller wahrhaft künstlerischen Antriebsimpulse sahen. Die Vertreter und Vertreterinnen dieser Richtung wollten in erster Linie »frei« sein, ohne zu bedenken, daß gerade die gesellschaftlich-unverpflichtete Freiheit des Einzelnen – neben ihren positiven Seiten – zugleich ein ideologisches Hauptvehikel jener westlichen Drahtzieher und Drahtzieherinnen des Kalten Krieges war, welche damit alle auf eine soziale Absicherung drängenden Solidarisierungsbestrebungen, die sich gegen die wachsende soziokulturelle Machtstellung der großen Konzerne wandten, von vornherein auszuschalten versuchten.

5. Berufungen auf ältere Ausflüchte ins Randständige

Infolgedessen trat im Bereich vieler »westlicher« Kunsttheorien, in denen für kurze Zeit ein ins Systemkritische tendierender Geist geherrscht hatte, nach 1975 ein deutlicher Paradigmawechsel von eher aktivistisch-eingreifenden zu eher randständig-autonomen Kunstformen ein. Vor diesem Zeitpunkt hatte – neben der Tradierung altbewährter Genres des kulturellen Erbes wie des Dramas, des Romans, der Lyrik, des Leinwandbilds, der Skulptur sowie der sym-

8   Liz Bachhuber: Rauminstallation *Zaun* (1984)

phonischen oder kammermusikalischen Komposition – in der Gegenkulturbewegung der Werkkreise und K-Gruppen vor allem der Einsatz künstlerischer Gebrauchsformen wie der Reportage, des Politsongs, der Fotomontage, des Agitprop-Dramas, der Faktographie, des Straßentheaters, der Dokumentation oder des Politposters im Vordergrund gestanden. Zwischen 1975 und 1980 setzte dagegen in Westdeutschland, aber auch anderen euro-amerikanischen Ländern in den Schriften und Werken vieler E-Kultur-Befürworter und -Befürworterinnen eine merkliche Restauration all jener modernistisch-elitären, das heißt pseudo-progressiven Kunstformen wie der Installation, der Concept Art, der neoklassizistischen Allegorie, der Collage, der lettristischen Textur, des betont experimentierfreudigen Cineastenfilms, der musikalischen Pastiche und ähnlich gearteter Outriertheiten ein, mit denen sich diese Schichten bemühten, wieder den verfeinerten ästhetischen Ansprüchen einer zwar kleinen, aber desto anspruchsvolleren Bildungselite zu genügen. Von der zuvor erhofften »politischen Alphabetisierung« der Gesamtgesellschaft war dagegen in diesen Kreisen immer weniger die Rede.

Im kulturwissenschaftlichen Bereich wirkte sich dieser »Paradigmawechsel«, wie diese Ausflucht ins Randständige häufig mit ideologisch verschleiernder Absicht genannt wurde, zu Anfang vor allem auf eine sich wandelnde Einstellung zu früheren Epochen innerhalb der künstlerischen Entwicklung aus. Während in der Zeit um 1970 bei den bundesrepublikanischen Achtundsechzigern und Achtundsechzigerinnen weitgehend Bewegungen wie die Aufklärung, der Sturm und Drang, der Jakobinismus, das Junge Deutschland, der Vormärz, der Naturalismus, der Expressionismus, die linke Materialästhetik der späten Weimarer Republik sowie die antifaschistische Kunst des Exils im Vordergrund des politästhetischen Interesses gestanden hatten, versuchten die Vertreter und Vertreterinnen der wiederbelebten Autonomieästhetik jetzt die Werke der Weimarer Hofklassik, der Schlegelschen Frühromantik, des Ästhetizismus um 1900, der formalästhetischen Kunst der Adenauer-Ära sowie der ersten Welle der gerade einsetzenden »Postmoderne« als den künstlerischen Kanon des Subjektiv-Imaginativen, der freien Assoziation, der sinnlichen Wahrnehmungsformen und der sich verstärkenden Selbstreflexivität festzuschreiben. Der Begriff »Systemkritik«, eine Kernvokabel der Achtundsechziger- und Achtundsechzigerinnen-Bewegung, spielte dagegen im Wortschatz dieser Gruppen nur noch eine höchst marginale oder überhaupt keine Rolle mehr. An die Stelle der politischen Aufbrüche ins Gesellschaftlich-Erhoffte traten dadurch um 1980 sowohl in Teilen der verschiedenen E-Künste als auch in vielen Kunsttheorien dieser Ära wieder die erwarteten Rückzüge ins Ästhetisierende sowie die damit verbundenen Anpreisungen all jener konformistisch-nonkonformistischen Ideologien der Ideologielosigkeit, die statt der bisherigen gesellschaftskritischen Engagementsformen eine ins Theoretisierende abgehobene Nichteinmischungspolitik oder »ironistische« Kulturphilosophie des Zweifels favorisierten. Ja, selbst jene kaltherzige, auf der Geringschätzung der »Vielzuvielen« und »Allermeisten« basierende »Vornehmheit der Distanz«, von der bei dem erneut hochgeschätzten Friedrich Nietzsche so viel die Rede ist, wurde in der Folgezeit innerhalb dieser Schichten wieder gern zitiert. Ebenso häufig tauchten in diesem Umkreis Wörter wie »Ich«, »Eigenheit«, »Selbstrealisierung« oder »persönliche Handschrift« auf, mit denen sich die Führungsschichten dieser Richtung sowie die mit ihnen sympathisierenden Kunsttheoretiker und -theoretikerinnen so effektiv wie möglich in Szene zu setzen versuchten.

6. Ansätze zu einer feministischen Ästhetik

> »Wie könnte die Kunst einer Minorität
> aussehen, die keine Minderheit ist?«
> (Silvia Bovenschen).

Allerdings gilt es bei diesen Subjektivierungsbestrebungen im Rahmen der ästhetischen Theoriebildungen der späten siebziger Jahre deutlich zwischen zwei Tendenzen zu unterscheiden. Während die Mehrheit der Vertreter und Vertreterinnen dieser Richtung in der

»Aufwertung des subjektiven Faktors«, wie dieser Prozeß häufig mit euphemistischer Tendenz umschrieben wurde, lediglich eine »befreiende« Abwendung von allen im bisherigen linken Lager propagierten überindividuellen Normen und Parteiverpflichtungen sah, gab es zur gleichen Zeit auch jene, die – unter dem Motto »The personal is the political« – dieser Hinwendung zum Einzelpersönlichen auch eine im liberalen Sinne emanzipatorische Komponente abzugewinnen versuchten. Das trifft vor allem auf die verschiedenen Richtungen innerhalb der feministischen Theoriebildung zu, die sich nach 1975 in der westdeutschen Bundesrepublik ausbreiteten. In ihnen spielten anfangs sowohl sozioökonomische Aspekte, die noch aus der Achtundsechziger- und Achtundsechzigerinnen-Bewegung (Frigga Haug) stammten, als auch Ansätze zu einer spezifisch »weiblichen Ästhetik« (Silvia Bovenschen) eine wichtige Rolle. Beschränken wir uns innerhalb der hier verfolgten Entwicklungslinien auf die kunsttheoretische Komponente dieser Bestrebungen. Etwas vereinfacht gesehen, griff die sich um 1980 herausbildende feministische Ästhetik entweder in die Bereiche einer als »matriarchalisch« bezeichneten menschlichen Vorgeschichte (Heide Göttner-Abendroth) zurück oder bemühte sich, im utopischen Vorgriff auf eine noch unrealisierte Weiblichkeit eine Form genderspezifischer Identität anzuvisieren, aus der sie völlig neue Arten eines genuin weiblichen Kunstschaffens zu entwickeln hoffte.

Indem es sich dabei potentiell um die Identitätsbemühungen von Vertreterinnen der halben Menschheit handelte, war diese Richtung im Rahmen der sogenannten »Neuen Subjektivität« weniger von der Gefahr des Randständigen bedroht als andere der in diesen Jahren favorisierten E-Kunstbewegungen und der sie begleitenden Theoriebildungen. Wie marginal blieben dagegen die zur gleichen Zeit auf die Kunst übergreifenden Konzepte der Homosexuellen- oder später der Behinderten-Bewegung, für die sich nur wenige mit solchen Themen Sympathisierende interessierten. Allerdings konnte sich auch das anfangs relativ breite feministische Kunstschaffen nicht wirklich durchsetzen und mußte sich eine allmähliche Abdrängung ins Modisch-Verwertbare gefallen lassen. Schließlich bildete es sich im Medienverbund einer kapitalistischen Marktgesellschaft heraus, die schon seit langem nicht nur trivialisierende oder extravagante, sondern auch aufmüpfige Züge höchst geschickt zu vermarkten verstand. Infolgedessen setzte sich die sogenannte Zweite Welle der feministischen Bewegung zwar auf vielen Ebenen des Berufslebens durch, konnte aber keine spezifisch »weibliche« Kunst – mit einer andersgearteten Sprache, Bildwelt und Formgebung – ausbilden. Schließlich unterliegen auch die von Frauen produzierten Kunstwerke, und zwar gleichviel, welche Gesinnung hinter ihnen steht, weitgehend denselben Marktgesetzen wie die von Männern stammenden. Daher gibt es gegenwärtig sowohl männliche und weibliche E-Kunst-Werke als auch männliche und weibliche U-Kunst-Werke, während das Bemühen um eine genuin feministische Ästhetik, wie so viele Bestrebungen der sechziger und siebziger Jahre, im Laufe der inzwischen stattgefundenen Integrationsprozesse auf der Strecke geblieben ist.

7. Freischwebender Eigensinn

Doch diese Entwicklung vom Aufmüpfigen zum Marktgerechten, die sich in vielen kulturellen Prozessen der letzten 30 bis 40 Jahre vollzog, läßt sich nicht ausschließlich auf verkaufsstrategische und damit ökonomische Prozesse reduzieren. Daran haben auch einige mit diesem Veränderungsschub auf eine höchst komplexe Weise verbundene politische und ideologische Beweggründe mitgewirkt. In der Bundesrepublik war das unter anderem die in den späten siebziger Jahren einsetzende »Sympathisantenhetze« im Gefolge des sogenannten »Deutschen Herbst«, die von vielen ehemaligen Achtundsechzigern und Achtundsechzigerinnen als eine sie bedrohende mentalitätsgeschichtliche Wende empfunden wurde. Um nicht weiter als »links« zu gelten oder gar mit den Anschauungen in den Werken der sozialistischen Kunst der Ostblockländer identifiziert zu werden, läßt sich aufgrund dieser Wende bei vielen westdeutschen Künstlern und Künstlerinnen wie auch im Rahmen der kulturbezogenen Deutungswissenschaften zu diesem Zeitpunkt ein deutlicher Rückzug ins Formalästhetische beobachten. Dazu paßt, daß sich eine Reihe dieser Gruppen auf ideologischer Ebene, um keinen »undemokratischen« Eindruck zu erwecken, plötzlich betont subjektivistisch und damit pluralistisch gab. Die Folgeerscheinung dieser ideologischen Kehrtwendung war in vielen Fällen ein möglichst privat herausgestellter Betroffenheitsgestus, der unter Ausschaltung aller überindividuellen bzw. solidaritätsstiftenden Faktoren möglichst eigensüchtige Kriterien wie Besonderheit, Differenz, Egozentrismus, Lustverlangen, Selbstrealisierung oder gar die Neigung zu einem relativ rücksichtslosen Durchsetzungsdrang »privilegierte«. Ein besseres Verb hätte sich dafür kaum finden lassen.

Allerdings währte selbst diese Phase nicht allzu lange. Nach dem um 1980 erfolgenden Einbruch des französischen Poststrukturalismus, der wie die ältere Autonomieästhetik ebenfalls alle bisherigen ins Politische tendierenden Ideologien zugunsten einer noch unbestimmten »Offenheit« verwarf, ja sogar sämtliche gender- und gesellschaftsbedingten Identitätskonzepte in Frage stellte (Jacques Derrida), breitete sich in diesen Regionen langsam, aber höchst nachhaltig ein Subjektivismus ohne ein allzu scharf profiliertes Subjekt aus, bei dem vornehmlich das Unbestimmte, Blasierte, von der Empirie Abgelöste, Philosophisch-Abstrakte und damit im weitesten Sinne »Theoretisierende« im Vordergrund stand. Demzufolge setzte sich im Laufe der achtziger Jahre als oft herausgestellter Prototyp der neuen Intellektuellenschicht, dessen Besonderheit sich weniger in seinem sozialbezogenen Verantwortungsbewußtsein als in seinem freischwebenden Eigensinn manifestierte, häufig jener männliche oder weibliche »Homo academicus« (Pierre Bourdieu) durch, der sich stets cool, stets ironisierend, stets leicht diffamierend verhielt, um so – im Sinne der Oberklassenmentalität der Pariser École superieur oder der US-amerikanischen Ivy League-Universitäten – den Eindruck des auf irgendwelche ideologischen oder menschlichen Fixpunkte Festgelegten zu vermeiden. Um 1970 hätte man derartige »Tuis«, wie sie im Gefolge Bertolt Brechts oft genannt wurden, im linken Lager noch als die Repräsentanten und Repräsentantinnen einer »hochmütig mäkelnden Schickeria« angeprangert. Jetzt galten sie dagegen innerhalb der neuen akademischen Szenerie als die wahren »Innenseiter« bzw. »Innenseiterinnen« durchaus positiv gesehener Außenseiterpositionen, die an der Warnung Alexander Kluges »Es gibt keine Identität in der Isolation« nicht den geringsten Anstoß nahmen.

Das Ergebnis dieses Rückzugs aus dem Gesellschaftsbezogenen in den »postmodernen Salon der Geschichtslosigkeit« (Hannes Böhringer) läßt sich seitdem im E-Kultur-Bereich am einleuchtendsten als eine exklusiv-minoritäre Expertenbetriebsamkeit charakterisieren, die von der überwältigenden Mehrheit der Gesellschaft überhaupt nicht wahrgenommen wird. Auf weite Strecken ist demnach in diesen intellektuellen Höhenlagen die Luft der Spekulation immer dünner geworden. Jenseits politischer oder soziokonkreter Unterschiede sprechen hier männliche und weibliche Theoretiker zu anderen Theoretikern und Theoretikerinnen, männliche und weibliche Lyriker zu anderen Lyrikern und Lyrikerinnen, männliche und weibliche E-Komponisten zu anderen E-Komponisten und E-Komponistinnen, und zwar bei vollem Bewußtsein, daß ihnen kaum noch jemand zuhört. In den meisten Diskursen dieser Gruppen herrscht eine Entgesellschaftung, Enthistorisierung und damit Entfunktionalisierung, die – im Gegensatz zu den Drahtziehern und Drahtzieherinnen der Massenmedien – jeden Anspruch, auf andere Menschen einwirken zu wollen, zusehends aufgegeben hat und sich nur noch im Bereich realitätsabgehobener und zugleich höchst eigensüchtiger Erkenntnisweisen bewegt. Hier haben die dezentrierenden Aspekte des Poststrukturalismus endlich über alle nicht-selbstreferentiell ausgerichten Anschauungsweisen gesiegt. In diesem Umkreis gibt es deshalb keine Antizipationen gesellschaftlicher Veränderungen, keine konkreten Utopien und schon gar keine Impulse zu einer Ästhetik des aktiven »Mitmachens« oder gar »Andersmachens« (Friedrich Tomberg) mehr. Für die Vertreter und Vertreterinnen derartiger Theorien gelten als letzte Kriterien einer Beschäftigung mit Kunst nur noch die private Einsamkeit sowie die ideologische Ungebundenheit der jeweiligen Rezipienten oder Rezipientinnen, während alle anderen

Antriebe, die über das auf sich selbst beschränkte Ich hinausweisen könnten, innerhalb solcher Sehweisen überhaupt keine Erwähnung mehr finden oder als »marginal« abqualifiziert werden.

Im Gefolge derartiger Tendenzen trat jüngst Ruth Sonderegger in ihrem Buch *Für eine Ästhetik des Spiels* – unter Berufung auf Christoph Menkes These von der »Nichtverortbarkeit der Kunst« – für eine scharfe Trennung von Kunst und Ethik ein, das heißt wandte sich gegen jeden Versuch, Kunst als eine Form der »Wesenserkenntnis« (Hans-Georg Gadamer) oder als den »Schauplatz der Subversion eines möglichen Wahrheitscharakters« (Jacques Derrida) zu interpretieren. Wie in allen Hoch-Zeiten einer betont ästhetisierenden Ästhetik wurde hier der Kunst als einer Form des subjektiven »Spiels« wieder einmal eine Souveränität jenseits von Gut und Böse zugesprochen, die sich nicht auf irgendwelche inhaltlichen Bestimmungen reduzieren lasse, sondern stets ganz bei sich selber sei.

8. Ohne den Biß der »Kritischen Theorie«

Das Ergebnis der hieraus resultierenden Tendenzwende – jedenfalls was die ästhetischen Theorien im Umfeld dieser Richtung betrifft – war ein immer stärkerer »Ideologieverdacht«, der in seiner Ausschließlichkeit sogar den Ideologieabscheu der älteren antitotalitaristisch argumentierenden Adornisten und Adornistinnen übertraf. Schließlich hatten manche der ersten bundesrepublikanischen Anhänger und Anhängerinnen der Frankfurter Schule selbst in den sogenannten unpolitischen fünfziger und frühen sechziger Jahren, als sich im Zuge der westlichen Strategien des Kalten Krieges in den e-kulturellen Kunsttheorien des NATO-Bereichs eine weitgehend affirmative Entideologisierung breit machte, trotz ihrer scharfen Ablehnung des Ostblocks nicht auf gewisse sozialkritische oder zumindest sozialpsychologische Elemente verzichtet. Neben ihrer Kritik an der in ihren Augen »gegängelten« Kunst jenseits des »Eisernen Vorhangs« waren einige von ihnen, wie etwa Alexander Kluge und Oskar Negt, sogar vor einer linksliberalen Kritik an den Praktiken der nur am »Fast Buck« interessierten Kulturindustrie der hochindustrialisierten Länder des Westens nicht zurückgeschreckt – und hatten sich dadurch bei den systemimmanenten Sprechern und Sprecherinnen innerhalb des westdeutschen Establishments nicht gerade beliebt gemacht.

Von dieser Kritik ist jedoch bei den heutigen Vertretern und Vertreterinnen jener e-kulturellen Ästhetischen Theorie, die sich einer weitgehenden Zustimmmung von Seiten der »führenden«, weil affirmativ ausgerichteten Zeitungen und Zeitschriften erfreuen, nicht mehr viel zu spüren. Sie berufen sich zwar nach wie vor – neben ihrer Vorliebe für die akademisch arrivierte Franzosentheorie – gern auf den älteren Frankfurtismus, haben aber nicht mehr den halbwegs kritischen Biß eines Theodor W. Adorno oder Hans Gerth, sondern heben meist auf eine philosophische Metaebene ab, auf der sich alle politischen oder ideologischen Argumente scheinbar von selbst erübrigen. Ihre Kunstkritik wirkt daher relativ zahnlos und umkreist im Gefolge Roland Barthes', Jacques Lacans, Michel Foucaults, Jean-François Lyotards und Jacques Derridas – in Ermangelung gesellschaftlich relevanter Züge – meist ideologisch entleerte Phänomene wie Unbestimmtheit, Indifferenz, Offenheit, Überschreitung, Dekonstruktion oder Allegorisierung. Dabei bedienen sie sich eines Wortschatzes, der sich weitgehend im Rahmen von Begriffen wie simulationsästhetisch, situationistisch, semiologisch, diskursiv, sinnesphysiologisch, selbstreflexiv, transversal, simulakrisch, inskriptiv, textualisierend, traumatisch, frustriert, postmodern oder gar posthumanistisch bewegt. Und zwar wird diese Sehweise im Bereich der deutschen und österreichischen Kunsttheorie, die sich solchen Ansichten verschreibt, häufig an Werken von Thomas Bernhard, Joseph Beuys, Peter Handke, Elfriede Jelinek, Anselm Kiefer, Helmut Lachenmann, Christoph Ransmayr, Wolfgang Rihm, Patrick Süskind und ähnlich egozentrischer, das heißt sich gegen die Herausbildung einer neuen politästhetischen Avantgarde sperrender Künstler und Künstlerinnen festgemacht.

Damit soll gegenüber den solidaritätsbetonten Werken der bisherigen systemkritisch oder zumindest reformistisch eingestellten

Kunst ein »Anderssein« betont werden, das vielfach wie eine bewußt aparte Selbstinszenierung wirkt, ja zum Teil in einen ungesellschaftlichen Nonkonformismus sowie eine ideologische Indetermination übergeht, die überhaupt keine kritischen Elemente mehr enthalten. Früheren Formen einer Bekenntnis- oder Gesinnungsästhetik wird daher in diesem Umkreis keine Träne nachgeweint. Dementsprechend liest man in den Publikationen dieser Richtung immer wieder, daß sich Kunst heutzutage nicht mehr »im Zeugenstand« befinde, sondern nur noch eine sinnliche, das heißt aisthetische Erkenntnis biete und deshalb als »grundsätzlich handlungsentlastend« charakterisiert werden müsse. Im Vergleich zu solchen Äußerungen war selbst ein ebenfalls betont »nichtideologischer« Philosoph wie Odo Marquard fast noch kritischer, als er in den siebziger und achtziger Jahren immer wieder behauptete, daß alle bedeutsameren Kunstwerke der Vergangenheit, vor allem jene der Klassik und der Romantik, unter den bedrückenden Bedingungen der »modernen« Marktwirtschaft die Funktion übernommen hätten, wenigstens den gebildeten Schichten eine gewisse psychische Erleichterung zu offerieren.

9. Mißvergnügte Spiele

> »Melancholie ist der Ausdruck einer unerfüllt bleibenden
> Eigenliebe, die zu einer outrierten Überheblichkeit tendiert«
> (Definition eines Handbuchs der Neurologie).

Eine etwas andere Perspektive herrscht dagegen im Hinblick auf jene E-Kunstwerke der Gegenwart und der unmittelbaren Vergangenheit, bei denen es sich um den ästhetischen Ausdruck angeblich nicht-aufhebbarer, das heißt psychologisch niederdrückender Situationen wie Angst, Trauma, Vergewaltigung, Zerstörung, Trauer, Frustrierung, Melancholie, Neurose oder ähnlicher Phänomene handelt. In diesem Umkreis haben die mit ihnen sympathisierenden ästhetischen Theoriebildungen häufig einen recht düsteren Charakter, der auf noch unerkundete oder mühsam verdrängte psychische Tiefendimensionen hinweisen soll – oder sich einfach einer »Tristesse royal« hingibt. Allerdings ist auch diese ins Düstere tendierende Einstellung, die auf interpretatorischer Ebene gern an Werken Franz Kafkas, Arnold Schönbergs, Paul Celans oder Theodor W. Adornos *Negativer Dialektik* festgemacht wird, ebenfalls nur eine, wenn auch unübersehbare Seite dieser neuen, in viele Diskursformationen aufgesplitterten Ästhetik. Eine andere ist ihre aus dem französischen Poststrukturalismus abgeleitete Schreib- oder Darstellungsweise, mit der die hinter solchen Anschauungen stehenden Akademikerkreise ihren philosophisch bewußt verkomplizierten Formulierungskünsten den Anschein einer über allen Niederungen des gesellschaftlichen Lebens stehenden intellektuellen Abgehobenheit zu geben versuchen. Ohne Zweifel leisten manche Vertreter und Vertreterinnen dieser Richtung dabei – unter ständiger Bezugnahme auf den frankfurtistischen und poststrukturalistischen Jargon – stilistisch oft Beachtliches. Allerdings steht die darstellerische Brillanz ihrer Schriften häufig in einem eklatanten Widerspruch zu der dunklen oder philosophisch-verunklärenden Art der von ihnen behandelten Themen, was immer wieder zu seltsam übersteigerten Paradoxien und Aporien führt.

In solchen ins Transgressiv-Abgehobene weisenden Gesten manifestiert sich die innere Unbestimmtheit einer ideologischen Haltung, die sich zwar zu Recht von den künstlerischen Gebrauchsformen der herrschenden Kulturindustrie angeekelt fühlt, ihnen aber aufgrund der eigenen Ideologielosigkeit – außer der besagten stilistischen Brillanz – keine ernsthafte Alternative entgegenzusetzen im Stande ist. Und daraus ergibt sich eine Reihe psychischer und mentaler Konsequenzen. Während viele der älteren Ästheten, wie etwa die Fin de siècle-Künstler und -Künstlerinnen um 1900, eine solche Art der gesellschaftlichen Randständigkeit à la Oscar Wilde noch durchaus genossen, herrscht in diesen Gefilden heutzutage eher eine weltanschauliche Labilität, die sich nicht zwischen Engagement und Disengagement, Ethik und Ästhetik bzw. Artistik und Trauer entscheiden kann. Deshalb wirken viele Kunstwerke dieser Richtung wie auch die ihnen gewidmeten Interpretationen zum Teil wie »mißvergnügte

Spiele«, die in der dünnen Luft irgendwelcher ungesellschaftlichen Hohlräume stattzufinden scheinen. Dem entspricht, daß einige geisteswissenschaftlich ausgerichtete Verlage die Bücher dieser Richtung gern als »schön traurig« oder »clever, distanziert und neurotisch« inserieren, womit sie ein Publikum anzusprechen hoffen, das mit solchen sozial unverpflichteten Attitüden durchaus sympathisiert.

10. Kunst ohne Alternative

Die diesen Trends folgenden E-Künste der letzten 20 Jahre – ob nun die dekonstruktivistische Architektur, die postmoderne Musik, die übermalte Malerei, die hyperreflexive Literatur oder ähnliche Artefakte – fühlen sich solchen Theorien durchaus nah. Auch sie drücken in ihren konzeptartigen Konstellationen, bildkünstlerischen Pastiche-Produkten, musikalischen Palimpsesten, überanstrengten Lyrik-Erzeugnissen oder intertextuellen Prosawerken sowie den sie begleitenden »Theorie«-Essays nur noch ein in randständigen Feuilletons hochgejubeltes, weil zur Mode erklärtes »Anderssein« aus, das keinerlei gesellschaftsbezogene oder gar systemkritische Elemente mehr enthält. Gute Beispiele dafür wären die esoterische Musikfestivalmusik für die »Ausgeruhten« (Martin Walser), die mit entlegenen Metaphern ausstaffierten Gedichte in irgendwelchen »Little Magazines« sowie die betont artifiziellen Darbietungsgegenstände der auf ein sensationshungriges Publikum eingestellten bildkünstlerischen Biennalen. Ideologisch besonders aufschlußreich sind dabei die großen Kunstausstellungen. Ob nun in Venedig, auf der Kasseler Documenta oder im New Yorker Whitney-Museum: bei solchen Super-Shows stellen zusammenhangslose Einzelne, die sich einander nur durch den jeweils modischen Anschein ihrer ansonsten disparaten Werke ähnlich sind, weitgehend Gebilde einer aller ethischen Momente entkleideten Andersartigkeit aus. Ihre Exponate bestehen daher schon seit langem vorwiegend aus Objets trouvés, Installationen, runenartigen Schriftzeichen, Neonröhren, Video-

9   Alberto Abate:
    Salome (1992)

Präsentationen, postmodernem Nippes-Kram, jugendstilhaften Pastiche-Gemälden oder fotorealistischen Party-Szenerien, die sowohl auf eine gesellschaftsbezogene Kritik und schon gar auf irgendwelche utopischen Gegenentwürfe zu den herrschenden Verhältnissen verzichten und lediglich den Symbolwert ihrer angeblich »vielsagenden« Nichtigkeit akzentuieren.

Und damit unterstellt sich diese Kunst – wissend oder unwissend – genau den von den konformistisch-nichtkonformistischen Akademikerkreisen sowie den systemimmanenten Feuilletonkritikern und -kritikerinnen dieser Richtung geforderten Erwartungen: sie ist auf eine elitäre Weise technizistisch-verhäßlicht, preziös-verspielt, mythologisch-verschmockt oder melancholisch-outriert, das heißt beweist durch ihre bloße Existenz, daß es zwar noch Reste einer anspruchsvollen E-Kunst, aber lediglich in Form einer exquisiten, wenn auch bereits mit dem Hauch der Edelfäule versehenen Feinkost für jene besserverdienenden Kreise gibt, die sich im ästhetischen Supermarkt der heutigen Kunstproduktion in irgendeiner Gourmet-Ecke bedienen, während sie den sogenannten Banausen, sprich: den Ungebildeten oder von ihnen als »Dummies« Bezeichneten das weiträumigere Bargain Basement bzw. die sogenannten Rotstiftbereiche überlassen. Eine »eingreifende« Funktion haben diese Werke nicht mehr. Aber gerade deshalb sind sie für die gesellschaftlichen Führungsschichten weiterhin wichtig, weil sie jene Kultur- und Geisteswissenschaftler und -wissenschaftlerinnen, die an sich über die gehörige Bildung verfügen, um eine gesellschaftsbezogene Kritik üben zu können, in ein sozialabgewandtes Abseits locken, wo ihre Theoriebildungen wie auch die von ihnen geschätzten ästhetischen Erzeugnisse von den sogenannten breiten Massen überhaupt nicht mehr wahrgenommen werden.

Dementsprechend erfüllen diese »Konformisten des Andersseins« (Norbert Bolz) in den Augen der psychologisch und demographisch versierten Marktstrategen der großen Kulturindustriekonzerne genau jene Funktion, die Bertolt Brecht im Hinblick auf die von ihm so gehaßten bürgerlichen Tuis einmal in die bewußt »plumpe« Formel gekleidet hat: »Im Staate herrschte Unordnung und die Tuis versuchen zu beweisen, warum das so sein muß.« In Anlehnung an diese Sentenz könnte man über viele der heutigen affirmativ eingestellten Ästhetiker und Ästhetikerinnen sagen: »In der Kunsttheorie herrscht eine Überdeutlichkeit des Unprägnanten und die Tuis versuchen zu beweisen, daß man nur so allen gesellschaftlich konkreten Fragen aus dem Wege gehen kann.«

REKLAME ODER DER TRIUMPH DER WARENÄSTHETIK

1. Das Phantom des Pluralismus

Die notwendige Folge dieses angeblichen Nonkonformismus im ideologischen Hohlraum postmoderner, poststrukturalistischer, posthumanistischer, postkritischer, postpolitischer sowie anderer »postischer« oder »postistischer« Spekulationen war, wie wir gesehen haben, ein durchgehender Verzicht auf das, was in einer Reihe früherer Kunstströmungen einmal mit dem Anspruch des Reformfreudigen oder gar Systemkritischen auftrat. Selbst der so häufig apostrophierte »Pluralismus« einer angeblich »offenen Gesellschaft« (Karl R. Popper) hat sich in diesem Umkreis nicht als ein positiver Ansatzpunkt zu einer neuen Gesellschafts- und damit Kunsttheorie erwiesen. Im Gegenteil, durch die ständige Berufung auf die scheinbar differenzierende Wirkung einer für alle Menschen vorbildlichen pluralistischen Denkweise, die – im Rahmen der »Repressive Tolerance« eines »Corporate Liberalism« (William Appleman Williams) – vor allem privatistische, gruppenspezifische oder minderheitsorientierte Konzepte im Sinne der US-amerikanischen Political Correctness-Vorstellungen favorisiert, mußte es nicht allein in der politischen Ideologiebildung, sondern auch innerhalb der sich als modisch, zeitgemäß oder up to date dünkenden E-Künste notwendig zu einem Abbau aller klassenbezogenen oder gar ins Gesamtgesellschaftliche tendierenden Kriterien kommen. Daher verpuffen im Bereich des Ästhetischen seit 1980 viele jener ironisch-verspielten, hochmütig-distanzierten oder blasiert-mißvergnügten Spiele postmodernistischer Provenienz à la Alberto Abate, Alessandro Baricco, Matthew Barney, Donald Barthelme, Umberto Eco, Peter Greenaway, Peter Handke, Derek Jarman, Mauricio Kagel, Carlo Maria Mariani, Stephen McKenna, Matthias Pintscher, Thomas Pynchon, Christoph Ransmayr, Wolfgang Rihm, Dieter Schnebel, Cindy Sherman, Patrick Süskind, Lars von Trier, Wim Wenders und ähnlich eingestellter Künstler und Künstlerinnen, die sich in ihrer individuellen Selbstreflexivität mit dem Anschein eines demokratischen Pluralismus umgeben, nur allzu leicht im gesellschaftlich Unverbindlichen oder gar Asozialen.

Ähnliches trifft auf all jene Sektoren innerhalb der heutigen kulturtheoretischen Deutungswissenschaften zu, in denen es immer weniger um gesamtgesellschaftlich relevante Fragestellungen als um philosophisch abgehobene Spitzfindigkeiten geht, mit denen man irgendwelche akademischen Lorbeerkränze oder Stipendien zu erhalten hofft. Selbst sich widersprechende Meinungen – meist als fruchtbare »Dezentrierungen« oder »Transgressionen« ausgegeben – führen hier in den meisten Fällen nur noch zu Scheingefechten. Ein gutes Beispiel dafür ist das unter Anhängern und Anhängerinnen solcher Ansichten wohlbekannte Bild *Derrida Queries Paul de Man* (1990) von Mark Tansey, auf dem sich diese beiden Männer – am Rande eines düsteren Abgrunds – mit offenbar nicht zu lösenden Fragen konfrontieren und dabei einen intellektuellen Eiertanz aufführen, bei dem sie sich schließlich – wie im Clinch – in die Arme fallen. Wie immer man dieses Bild auch interpretieren mag, ob nun als ausbrechenden Zwist oder als erpreßte Versöhnung: all das interessiert letztlich nur eine hauchdünne Schicht poststrukturalistisch orientierter Außenseiter, die sich weiterhin für intellektuell bedeutsam halten, obwohl ihre ästhetischen und wissenschaftstheoretischen Überlegungen von der überwältigenden Mehrheit der Bevölkerung, der solche theoretisierenden Bemühungen in einer wohlfunktionierenden Demokratie eigentlich zugute kommen sollten, überhaupt nicht zur Notiz genommen werden.

2. Die vielbeschworene »Freiheit«

Doch der damit verbundene Verlust an gesamtgesellschaftlich sinnstiftenden Elementen irritiert viele dieser auf das Prinzip des Elitismus eingeschworenen Akademikergruppen keineswegs. Sie sehen in ihren minoritären Bemühungen weitgehend den endlich errungenen Triumph jener westlichen »Freiheit«, der – in vordergründiger Übereinstimmung mit allen offiziellen wie auch offiziösen Erklärungen – vornehmlich die Maxime der Selbstrealisierung des Einzelnen zugrunde liegt. Was kümmern solche Kreise die unteren Bevölkerungsklassen, die aufgrund ihrer Unbildung an solchen Überlegungen und Spekulationen ohnehin keinen Anteil nehmen können? Die führenden Köpfe dieser Gruppen fühlen sich nicht mehr als »Anwälte der Nation«, wie das innerhalb der älteren Theoretiker im Bereich der Ästhetik lange Zeit üblich war, sondern nur noch als Vertreter und Vertreterinnen einer kulturellen Elite, der von Staats wegen noch mehr Freizeit eingeräumt werden sollte, als man ihr ohnehin schon gewährt, um in aller Ruhe über ihre eigenen Theorie- und Kulturbedürfnisse nachdenken zu können. Und aus diesem randständigen, aber maßlos übersteigerten Anspruch leiten diese Schichten ein geistiges und kulturelles Überlegenheitsgefühl ab, mit dem sie sich von der Mehrheit der »intellektuell Minderbemittelten« abzusetzen versuchen.

Indem sie sich diese Pose geben, merken sie oft nur in Ausnahmefällen, daß manche ihrer Ansichten keineswegs so »frei« sind, wie sie sich einbilden. Häufig entsprechen ihre ideologisch unverpflichteten Meinungen genau dem, was die politisch und ökonomisch Mächtigen von ihnen erwarten. Während früher zu einem so eklatanten Verzicht auf klar ausgesprochene gesellschaftskritische oder gar gesellschaftsverändernde Ansichten oft eine Unzahl staatlicher Repressionen, Zensurmaßnahmen oder Gehirnwäscheoperationen nötig waren, wirken viele der heutigen Intellektuellen eher wie ihre eigenen »Hintermänner« (Hans Magnus Enzensberger), die naiverweise annehmen, wegen ihres konformistischen Nichtkonformismus aus jeder offiziellen Indienstnahme in den Hohlraum einer neoliberalen Freizügigkeit entlassen zu sein, in dem es zwar noch eine Reihe verschiedenartiger, aber wegen ihrer ideologischen Unverbindlichkeit letztlich gleichgearteter Meinungen gibt. Und über eine solche Einstellung freuen sich die »Oberen« selbstverständlich. Schließlich huldigen diese Intellektuellen damit einer

Form von Freiheit, welche für die mentalitätsmanipulierenden Leitungsgremien innerhalb des marktwirtschaftlichen Systems völlig ungefährlich ist, nämlich der Freiheit einer prononcierten Unengagiertheit.

Gewollt oder ungewollt, lassen damit diese Schichten selbst auf dem Gebiet der Kultur, das sie einstmals als ihre ureigenste Domäne empfanden, den herrschenden Medienkonzernen eine relativ freie Hand, im Bereich des U-Kulturellen mit Hilfe beträchtlicher Finanzaufwendungen eine Fülle höchst engagierter, nämlich systemimmanenter und damit ihre Macht stabilisierender oder gar erweiternder Ansichten verbreiten zu können. Ja, viele der heutigen akademischen Kulturtheoretiker oder -theoretikerinnen weigern sich geradezu, derartigen Tendenzen mit irgendwelchen Abwehrstrategien entgegenzutreten, da sie einen solchen Versuch als unziemlichen Verstoß gegen die von ihnen vertretene Ideologie der Nichtideologie empfinden würden, die manchen dieser Gruppen als die einzig mögliche Basis einer »wahren Freiheitlichkeit« erscheint.

3. Jeder ein Star, jede eine Diva

>»I am not crying on my way to the bank«
>(Liberace).

Selbst auf dem relativ kleinen Sektor der E-Kultur, der in den meisten hochindustrialisierten Ländern kaum mehr als fünf Prozent des gesamten Kulturbetriebs umfaßt, hat sich demzufolge in den letzten zwei bis drei Jahrzehnten – trotz einzelner kritischer Gegenstimmen – weder in den USA noch in Deutschland oder anderen hochindustrialisierten Ländern eine neue künstlerische Avantgarde herausgebildet. Statt in diesem Bereich eine effektive Solidargemeinschaft aller männlichen und weiblichen Kulturkritiker und Künstler anzustreben, um so ein Überleben der randständigen und deshalb von diesen Gruppen bevorzugten Kunstformen zu garantieren, steht hier – wegen der in postmodernen Kreisen allgemein verbreiteten Aver-

10   Hollywood-Filmstar (Nicole Kidman) vor 30 Fotografen (2003)

sion gegen irgendwelche sozialbetonten Gesellschaftsformen – jeder gegen jeden, will hier jeder ein Star oder eine Diva sein, versucht sich hier jeder so teuer und so prestigeverheißend zu verkaufen, wie es unter den jeweiligen künstlerischen, universitären oder freiberuflichen Umständen möglich ist.

Während sich in den höheren Regionen der bürgerlichen Gesellschaft früher viele Wissenschaftler, Autoren, Komponisten oder bildende Künstler bemühten, durch ein bewußtes Absehen von solchen als niedrig geltenden finanziellen Motivationen den Anschein des geistig Unabhängigen zu geben, streben die heutigen Vertreter und Vertreterinnen derartiger Gruppen häufig in aller Offenheit danach, sich einen möglichst vielversprechenden Platz an der Sonne zu verschaffen, indem sie sich als die Stärksten, Sprachgewaltigsten, Erfolgreichsten innerhalb ihres jeweiligen Umfelds auszuweisen versuchen (Pierre Bourdieu). Immer weniger »Geistige« schämen sich daher jener weitverbreiteten beruflichen Intrigen, die man neuerdings als »Mobbing« bezeichnet. Schließlich sind Eitelkeit, Durchsetzungsdrang und Selbstreklame in jeder marktwirtschaftlichen Gesellschaft, in der es keine überindividuellen und damit solidaritätsstiftenden Wertvorstellungen mehr gibt, geradezu systemimmanent geworden. Solche Gesellschaften verstehen sich lediglich als »ökonomische Rahmengebilde«, in welchen »dem Bereicherungsdrang des Einzelnen so wenige Schranken wie nur möglich entgegengestellt werden sollten«, wie Ludwig Erhard, der »Mister Wirtschaftswunder«, in den fünfziger Jahren einmal schrieb. Hier will also jeder Mensch – im Rahmen der ihm vorgegaukelten »unbegrenzten Möglichkeiten« – ein vielversprechendes Talent, ein Starlet, ein vom Erfolg Begünstigter, wenn nicht gar ein strahlendes Gestirn am Himmel der grauen Allgemeinheit sein.

Das notwendige Ergebnis dieser Entwicklung, die selbst viele der Gebildeten oder Geistigen verführt, vornehmlich nach den häufig apostrophierten »Erfolgserlebnissen« zu gieren, ist ein System, in dem jeder Star und jede Diva – im Zeichen der vielbeschworenen Freiheit, rücksichtslosen Selbstrealisierung und pluralistischen Differenzaffekte – jedem anderen Star und jeder anderen Diva die Augen auszustechen versucht. Die Folge davon ist, daß sich viele der in dieses System Eingespannten – ob nun in den Massenmedien, den verschiedenen E-Künsten oder ihren Deutungswissenschaften – ständig bemühen, sich selber anzupreisen, sich selber ins rechte Licht zu rücken, sich selber zur Schau zu stellen, um nur ja aufzufallen oder gar die nötige Sensation zu erregen. Um sich nicht einer altruistischen »Tyrannei des Gemeinsinns« beugen zu müssen, wie der Obertitel von Richard Herzingers *Bekenntnis zur egoistischen Gesellschaft* (1997) lautet, herrscht daher selbst unter den heutigen Akademikern und Akademikerinnen oft eine betont antisolidarische Einstellung, die – sozialtheoretisch gesehen – in vielem mit den harten Aufstiegsgesetzen der kapitalistischen Konkurrenzideologie korrespondiert.

4. Ich, Ich, Ich

Wohl die besten Beispiele für diesen systemimmanenten Selbstrealisierungskult bilden die vielen reklamehaft angelegten Autobiographien, die gegenwärtig erscheinen, in denen weniger die jeweiligen politischen und sozioökonomischen Zeitumstände, die in manchen Fällen durchaus aufschlußreich sein könnten, als irgendwelche höchst privaten Erlebnisse im Vordergrund stehen. Das gilt vor allem für die zahllosen entweder selbstgeschriebenen oder von Ghostwriters verfaßten Lebensbeschreibungen bekannter männlicher oder weiblicher Filmstars, Popmusiker, Opernsänger, Schauspieler, Talkshow-Moderatoren, Skandalnudeln, Adelstypen oder Sportsheroen, in denen trotz einer vorangestellten Captatio benevolentiae, die etwas Bescheidenheit vortäuschen soll, häufig ein nur leicht kaschierter oder offener »Narzißmus« herrscht (Christopher Lasch). Wie erwartet, geht es hierbei meist um den Stolz auf bestimmte als authentisch ausgegebene, aber meist leicht oder auch stark geschönte »Erfolgserlebnisse«. Und wenn es in den geschilderten Lebensläufen nicht genug solcher Erlebnisse gibt, dann wird wenigstens mit der Teilnahme an bedeutsamen Ereignissen oder dem Zusammentreffen mit anderen von den Massenmedien hochgejubelten Filmstars, Popmusikern, Opernsängern, Schauspielern, Talkshow-Moderatoren, Skandalnudeln, Adelstypen oder Sportsheroen beiderlei Geschlechts geprahlt, die im Rampenlicht der von den Massenmedien geschaffenen »Öffentlichkeit« stehen.

Doch ob nun das eigene Ich oder der andere Star: alle diese Figuren sollen von ebenso ichbesessenen Lesern und Leserinnen solcher Bücher in erster Linie bewundert, ja beneidet werden. In ihnen wird jenen Menschen, die ihr Leben im Dunkeln zubringen müssen, obwohl auch sie gern ein »leuchtendes Ich« sein würden, die Chance einer illusionären Einfühlung oder wenigstens die Befriedigung ihres Klatsch- und Tratschbedürfnisses geboten. Autofiktionale Texte dieser Art erfüllen daher fast die gleichen Bedürfnisse wie die Nachrichten aus der glamourösen Welt Hollywoods oder des Hochadels in den illustrierten Zeitschriften und Billigjournalen. Sie versuchen eine Sucht nach Bewunderung, nach Begehrtwerden, wenn nicht gar nach »Liebe« zu stillen, die allerdings – wegen des Ausbleibens anderer Antriebsvorstellungen als der Libido – letztlich nie zu stillen ist, sondern, worauf die dahinter stehenden Buch- oder Medienverlage zu Recht vertrauen, immer aufs Neue befriedigt werden muß.

Infolgedessen stieg die Zahl derartiger Autobiographien in den letzten Jahrzehnten in dem Maße an, wie die überpersönlichen Wertvorstellungen der älteren Bourgeoisie an ideellem Kurswert verloren. Während früher in solchen Büchern auch das Historische, Kulturelle und Bildungsbetonte wichtige, wenn nicht gar zentrale Rollen spielten, handelt es sich heute in ihnen weitgehend um eigensüchtige Finanz-, Erfolgs- oder Sexkarrieren. Schließlich spielen sich die meisten dieser Lebensläufe im Rahmen einer Konsum- und Profitgesellschaft ab, wo es fast durchgehend um das private Befriedigt- oder Unbefriedigtsein zu gehen scheint. Ohne jedes höhere Ziel ruft hier alles nur noch: Ich, Ich, Ich.

5. Selbst Wissenschaft und Kunst begeben sich auf den Ego-Trip

»Sie sollten sich ihr Ich patentieren lassen«
(Ratschlag eines wohlmeinenden Psychiaters).

Wenn schon das Leben der prominenten Mitglieder oder gar Superstars der heutigen Jetset-Gesellschaft immer stärker mit Bildberichten, Pressefotos, Biographien und Fernseh-Features reklamehaft herausgestellt wird, dann nimmt es nicht wunder, daß auch Teile der wissenschaftlichen und künstlerischen Elite zusehends im Stil der Werbetechniken der gegenwärtigen Marketingstrategen repräsentiert werden wollen. Selbst »nicht ganz arme Zeitgenossen«, wie es in den einschlägigen Journalen dieser Gesellschaftsschichten manchmal heißt, lassen sich daher immer häufiger in Fotoateliers aufnehmen oder auf eine möglichst affektierte Weise von darauf spezialisierten Malern oder Malerinnen porträtieren. Im Gefolge solcher Entwicklungstrends erklärte kürzlich eine luxuriös ausgestattete Designerzeitschrift im Hinblick auf derartige Selbstbildnisse: »Füttern Sie ihr Ego – auch ernsthafte Künstler arbeiten auf Bestellung. Garantie für Schönheit gibt es keine, doch Ihre Freunde werden auf jeden Fall neidisch sein.«

Ebenso bezeichnende Beispiele für die vielerorts grassierenden Werbe- und Selbstdarstellungsmethoden bietet das gegenwärtige Verlagswesen. Während Buchdeckel früher nur den Titel des Ganzen sowie den Namen des Verfassers oder der Verfasserin verrieten, werden sie heute von vielen Verlagen – um im immer schärferen Konkurrenzkampf auf dem Buchmarkt überhaupt noch mithalten zu können und nicht wegen mangelnder Reklame Bankrott zu machen – obendrein mit einem als Blickfang gedachten Schutzumschlag ausgestattet, der mit anreizenden Schrifttypen, einer geschickt plazierten Illustration, einem hochtrabenden Klappentext und einem Porträt des Autors oder der Autorin versehen ist. Außerdem finden sich auf diesen Umschlägen neuerdings sogar die private Neugier befriedigende Lebensdaten, lobende Äußerungen irgendwelcher Fachkoryphäen über den Inhalt des betreffenden Buchs sowie Hinweise auf weitere Publikationen des gleichen Verlags, um so möglichst viele Käufer und Käuferinnen anzulocken.

Selbst bei streng wissenschaftlichen Büchern, die noch vor 50 Jahren besonders karg ausgestattet waren und sich dennoch gut verkauften, mangelt es heute auf der Rückseite – neben der Nennung bestimmter Sponsoren oder Fördergesellschaften – selten an irgendwelchen reklamehaften Lobhudeleien sowie besonders »rühmenswerten« Lebensdaten, mit denen man die inzwischen geschrumpfte »Kulturelite« zu beeindrucken hofft. Die meisten dieser Texte wurden noch vor 30 Jahren von den in solchen Taktiken wohlgeschulten Lektoren oder Lektorinnen der jeweiligen Verlage verfaßt.

Momentan gibt es jedoch auch vollmundige Anpreisungen dieser Art, die von den anonym bleibenden Autoren oder Autorinnen selber stammen, welche nichts unversucht lassen, um sich in ihnen ins rechte Licht zu setzen. Ebenso ichbezogen sind oft die Vorworte oder Einführungen solcher Bücher angelegt, in denen nicht nur, wie es sich gehört, die jeweils benutzten Bibliotheken und Archive sowie die mithelfenden Assistenten und Schreibkräfte, sondern manchmal sogar all jene Freunde und Familienmitglieder, einschließlich der geduldig abwartenden Kinder und Haustiere, aufgezählt werden, die – inmitten der vielfältig ablenkenden Konsumangebote hochindustrialisierter Staaten – in der einen oder anderen Form zu diesem, offenbar unter großen Askeseanforderungen, wenn nicht gar bedeutsamen Qualen entstandenen Buch beigetragen haben.

Doch diese Art der geschäftsmäßigen »Aufbereitung« eines Buchs zur möglichst gutabsetzbaren »Ware« ist im Rahmen der herrschenden Verkaufsstrategien beileibe nichts Singuläres. Sie hat sich seit kurzem selbst bei der Vermarktung der angeblich ins »Höhere« strebenden älteren und neueren E-Künste durchgesetzt. Wo man in diesem Bereich auch hinblickt, sei es auf Ausstellungskataloge, Opernprogramme, Konzertankündigungen, Compact Discs, Theaterzettel oder Verlagsanzeigen, überall begegnet man den Namen oder Logos von Sponsoren, meist bekannter Firmen oder Großbanken, die sich durch solche Nennungen bei ihren finanziell besser gestellten Kunden und Kundinnen ein ins Kulturinteressierte und damit Prestigeverheißende tendierendes Image zu geben versuchen. Und große Teile der damit angesprochenen gesellschaftlichen In-Group nehmen das auch höchst wohlwollend zur Kenntnis.

Sogar namhafte Künstler und Künstlerinnen lassen sich heute bei Vernissagen, Ausstellungen, Messen oder in Katalogen mit ähnlichen, dick aufgetragenen Reklametexten als bedeutsame, unverwechselbare Individuen anpreisen. Besonders großen Wert legen dabei die meisten der sogenannten Freischaffenden unter den Malern und Architekten darauf, daß man jedes ihrer Werke – im Zuge des heute allgemein verbreiteten Konkurrenzwesens und des daraus resultierenden Ichkults – sofort als einen echten »Soundso«

erkennt. Mit anderen Worten: sie wollen, daß ihr Stil zwar als ein äußerst »zeitgemäßer«, das heißt modisch angepaßter, aber dennoch höchst »persönlicher«, ja unverwechselbarer charakterisiert wird, den man als eingetragenes Markenzeichen sogar beim Patentamt anmelden könnte. So ist etwa ein Gemälde mit einer bräunlichen Sandfläche, auf der in Sütterlinschrift einige schwer leserliche Namen eingekritzelt sind, beileibe keine bräunliche Sandfläche, auf der in Sütterlinschrift einige schwer leserliche Namen eingekritzelt sind, sondern ein »echter« Anselm Kiefer. Und falls auf einem Bild die dargestellten Menschen alle mit den Köpfen nach unten hängen, wissen sämtliche Kenner und Kennerinnen schon von weitem, daß dies nur ein »echter« Georg Baselitz sein kann. Ja, in Berlin sprechen viele kulturinteressierte Intellektuelle, wenn sie den massiven Architekturblock in der Lindenstraße meinen, nicht vom Jüdischen Museum, sondern vom Daniel Libeskind-Museum, als sei dieser Bau in erster Linie ein die sensationsheischende Originalität seines Architekten herausstellendes Schaustück – und nicht ein an die Vertreibung oder Ermordung der 500 000 deutschen Juden erinnerndes Memorial.

6. Kunst wird zur Anpreisung von Kunst

Wenn schon ein derartiger an das kollektive Gewissen der deutschen Nation appellierender Bau zur Ware, ja zum Bestandteil der herrschenden personenkultisch aufgeheizten Reklame- und Eventkultur werden konnte, wie eindeutig muß im Zuge dieser Entwicklung der Warencharakter aller anderen sogenannten Kulturgüter geworden sein, die heute auf dem Markt erscheinen? Wo bleibt dann, ließe sich mit einiger Berechtigung fragen, bei den angeblich anspruchsvollen bildkünstlerischen Werken, literarischen Erzeugnissen oder musikalischen Kompositionen dieser Richtung das Sinnstiftende, Erschütternde, Kritische, zu tieferer Besinnung Aufrufende, das in manchen früheren Epochen einmal als das »Eigentliche« aller großen Kunst gegolten hat? Sinkt nicht damit jedes Kunstwerk, selbst das Ernsthafteste, auf die Ebene des Sich-selbst-Verkaufenden, wenn nicht gar Prostituierenden ab (Wolfgang Fritz Haug)? Daß dem tatsächlich so ist, sollte im Rahmen einer ungehemmten Marktwirtschaft, in der fast nur noch das Prinzip von Angebot und Nachfrage herrscht, an sich niemanden verwundern, der mit den Gesetzen der handelskapitalistischen Verwertungsinteressen vertraut ist. Schließlich herrscht in einer solchen Wirtschaftsordnung auch auf dem Sektor der Kunst – wie überall in einem solchen System – ein ständiger, zum Teil recht unfairer, wenn nicht gar brutaler Konkurrenzkampf um die höchstmöglichen Gewinnanteile.

Was manche der an Kulturkritik interessierten Menschen dennoch erstaunt, ist lediglich die Tatsache, wie wenige sich gegen dieses System auflehnen und statt dessen den Warencharakter aller Dinge, darunter sogar den der E-Kultur-Produkte, ohne weiteres akzeptieren. So finden es selbst viele der angeblichen Connaisseure und Connaisseurinnen heutzutage völlig »natürlich«, daß im Bereich der Design- und Kulturindustrie allen Produkten das Namensschildchen derjenigen Firma aufgeklebt wird, die es hergestellt oder weiterverarbeitet hat. Aufgrund dieser Verlagerungen ins Marktwirtschaftliche schätzen deshalb diese Schichten sogar an bedeutungsheischenden Kunstwerken manchmal weniger die sinnstiftenden Inhalte der von ihnen betrachteten oder gekauften Objekte als die Verpackung, den Outfit, das äußere Drum und Dran. Ja, in manchen Werken der zeitgenössischen E-Kultur sehen einige sich besonders up to date dünkende Kunstkenner und -kennerinnen bloß noch für sie hergestellte und nur ihnen verständliche Markenartikel, die sie am liebsten in einer exquisiten New Yorker Kunstgalerie oder einem besonders teuren Kölner, Düsseldorfer oder Berliner Kulturkaufhaus mit dem egosteigernden Gefühl eines zur obersten gesellschaftlichen In-Group Gehörenden erstehen würden.

Doch solche geschmacksorientierten Erlesenheitsgefühle sind in weiten Bereichen der heutigen E-Künste höchst trügerisch. Schließlich lauert selbst hinter derartigen, ins scheinbar Elitäre objektivierten Produkten stets die gleiche »Fratze einer kapitalistischen Kulturindustrie«, deren Profithunger geradezu unersättlich zu sein scheint und die daher alles – selbst die randständigen E-Künste – den Regeln einer »reklamegesteuerten Absetzbarkeit« unterwirft, wie es schon 1973 in der *Politischen Ästhetik* Friedrich Tombergs hieß. Wenn sich also in diesem Bereich lediglich die Vorstellungen der heutigen Kulturindustrie durchsetzen sollten, wird es bald keine »genuinen« Kunstwerke mehr geben. Dann wäre selbst Kunst nur noch eine Reklame für Kunst, deren Sinn allein in der Anpreisung ihrer selbst und dem sich daraus ergebenden Verkaufswert bestände.

7. Reklame: die Kunst von heute

>»Die Werbung ist der als Spiegelbild der Sehnsucht
>aufgemachte Schein, auf den man hereinfallen soll«
>(Wolfgang Fritz Haug).

Ja, es gibt bereits Menschen, welche in der reklamehaften Zurschaustellung solcher Objekte die wichtigste, weil wirksamste »Kunst« der Gegenwart sehen. Und wahrscheinlich haben sie mit derartigen Anschauungen sogar Recht. Schließlich wird auf die kommerzielle Werbung oder »Ikonomanie« (Günther Anders) heutzutage meist eine wesentlich größere ästhetische Kreativität angewandt als auf die Herstellung isolierter Werke der E-Kultur. Daher sieht man überall, wie die vieldiskutierte Wunderwelt der Industriewerbung zum zentralen Schlachtfeld ästhetischer Wettkämpfe geworden ist, wo mit wesentlich größeren Einsätzen gepokert wird als auf dem Feld der kommerziell kaum oder nur schlecht verwertbaren E-Kunst. Allerorten und zu jeder Zeit – ob nun im Radio, im Fernsehen und im Internet, in den Vorschaupräsentationen der Spielfilme, Videos, DVDs und Computerspiele, in Tageszeitungen, Illustrierten, Postwurfsendungen und anderen Printmedien, an den Seitenwänden der Züge, Straßenbahnen und Omnibusse, auf Litfaßsäulen, in Bahnhofshallen, ja fast auf jeder leeren Häuserwand oder jedem Bauzaun – wird heutzutage geradezu pausenlos, oft in deutlich erotisierter Form, um die Millionen jener Konsumenten und Konsumentinnen gebuhlt, denen die von den großen Firmen angeheuerten Werbe-

11 Wolfgang Platz: *Marlboro* (1983)

agenturen am liebsten jeden Tag bis zu 1 000 Werbebotschaften eintrichtern würden, um in ihnen das Gefühl einer ständigen »Vorlust« auf neue Kaufobjekte zu erwecken.

Hinter dieser reklamehaften Ausstaffierung der Wirklichkeit steht der größte Propagandaapparat, den die Welt je gesehen hat, gegen den selbst die inzwischen legendär gewordene »Ästhetisierung der

Politik« im Wilhelminischen Kaiserreich oder während der Nazidiktatur der dreißiger Jahre (Walter Benjamin) nur ein Kinderspiel war. Mit diesen in sämtliche Bereiche des Lebens ausufernden Reklamen zeigen die marktbeherrschenden Konzerne, wer momentan über das große Geld und damit über die Herzen, Hirne und Triebregungen der überwiegenden Mehrheit der Bevölkerung verfügt. Und sie tun das, indem sie alle Mittel der »Ästhetik«, und zwar in ihrer ursprünglichen, das heißt von Alexander Gottlieb Baumgarten als »auf die Sinne wirkend« definierten Form, im Zuge einer »nichtterroristischen Lenkung des Bewußtseins der breiten Massen« (Wolfgang Fritz Haug) in den Dienst der ungehemmten Kapitalverwertung zu stellen versuchen.

Prägnante Beispiele solcher ästhetisch verbrämten Social engineering-Taktiken lassen sich schnell zusammenstellen. Auf diesem Sektor heißt es oft mit unverschämter Direktheit: »Geile Nike-Schuhe sind ein Muß«, »Nur die Doofen tragen keine Blue Jeans« oder »Ganz Berlin ißt bei McDonald's«, als lebten wir bereits in jener globalisierten »McWorld« (Benjamin R. Barber), in welcher der Wirkungsbereich der US-amerikanischen Großkonzerne von Jahr zu Jahr immer größer wird. Kein Wunder daher, daß in den frühen neunziger Jahren viele westdeutsche Jugendliche bei einer repräsentativen Meinungsumfrage erklärten, in der Schule am übelsten gehänselt zu werden, falls sie keine »amerikanischen Markenklamotten« trügen. Ja, manche unter den Bürgern und Bürgerinnen der ehemaligen Bundesrepublik, die man lange genug mit kaufsüchtig stimmenden Reklamen berieselt hatte, glaubten im November 1989, als die Berliner Mauer durchbrochen wurde, allen Ernstes, das habe an den aufreizenden Werbespots großer Firmen wie Coca Cola, McDonald's, Marlboro, H&M, adidas, Levi-Strauss, Benetton und Hugo Boss gelegen, mit denen man die konsumhungrigen »Ossies« in das Wohlstandsparadies der freien Marktwirtschaft, das heißt die westliche Ka-De-We-Welt gelockt habe.

Verglichen mit vielen Werken der zeitgenössischen E-Kunst sind diese Reklamen nicht nur bunter, sondern auch wesentlich effektiver – und erweisen sich damit als eine »Kunst«-Form, der heute wegen ihrer ideologischen und kommerziellen Bedeutsamkeit häufig mehr Beachtung geschenkt wird als den elitären Formen jener Kunst der »Postmoderne«, für die sich nur eine Reihe demographisch unbedeutender Gruppen oder Grüppchen interessiert. Und selbst diese Gruppen oder Grüppchen werden von Jahr zu Jahr immer kleiner, während die Logos und Reklameslogans der meisten großen Firmen zum ständig abrufbaren Erinnerungsschatz fast aller Menschen geworden sind. Ja, viele Teens und Twens tragen solche Logos sogar auf ihren T-Shirts, Baseball Caps oder Blue Jeans, ohne sich diese Reklamen – wie die früheren Sandwich-Männer – von den betreffenden Firmen bezahlen zu lassen, da sie solche Markenzeichen nicht als umsatzfördernde Werbungen, sondern als ästhetische Verzierungen, wenn nicht gar als Pop Art und somit als »Kunst« oder zumindest als prestigeverheißendes Dekor empfinden.

8. Shopping, Shopping über alles

> »Lock up a department store today, open its doors again after one hundred years and you will have a museum of modern art«
> (Andy Warhol).

Wen nimmt es da Wunder, daß die Welt der Reklame selbst von den führenden Kunstgalerien und Museen immer stärker in ihre Verkaufs- und Ausstellungsbetriebsamkeit einbezogen wird? Ja, manche Museen für Modern Art werden geradezu von einem Inferioritätskomplex gegenüber den großen Warenhäusern mit ihren spektakulären Schaufenstern geplagt, die längst alle Formen der US-amerikanischen Pop Art – besonders die knallig bunten Siebdrucke Andy Warhols – in den Dienst ihrer Werbestrategien gestellt haben, um so den Vorgang des Shopping für ihre Konsumenten und Konsumentinnen in ein »ästhetisches Erlebnis« umzuwandeln (Mary Portas). Vor allem in den innerstädtischen Einkaufszonen mit ihren Supermarkts, italienischen Eisdielen, Talk-Cafés, Schuhgeschäften, Galanterieläden, Modeshops und Beauty Farms herrscht heutzutage ein

12 Barbara Kruger: *Untitled* (1987)

»Ästhetik-Boom«, dessen angebliche »Verschönerungswellen« durchaus mit den Face Lifting-Kampagnen jener »plastischen Chirurgie« korrespondieren, die von manchen Kulturwissenschaftlern (Wolfgang Welsch) wegen ihrer aufhübschenden Tendenzen als spezifisch »postmodern« empfunden wird. »Letztendlich«, das heißt alle systemkritischen Veränderungsabsichten zu Gunsten der Verklärung hochkapitalistischer Zustände hinter sich lassend, wie es im untergründigen Einklang mit ins Positive gestimmten »Posthistoire«-Vorstellungen oft heißt, sei in solchen »Handelsparadiesen« (Norbert Bolz) aus einem Kunststil zusehends ein marktgerechter Konsum-, ja Lebensstil geworden.

Im Zuge dieser Entwicklung haben sich Teile der ästhetischen Theoriebildung in den letzten Jahren aus dem Gebiet der Kunstproduktion immer stärker in den Bereich der Warenrezeption, das heißt der Auseinandersetzung mit dem Kaufrausch des Flanierens, Bummelns, Auswählens, Kaufens und Konsumierens verlagert, als sei die »primäre Freizeitbeschäftigung« der meisten Menschen in unseren hochindustrialisierten »Überflußgesellschaften« fast nur noch die »Freude am Shopping« (Max Hollein). Von manchen Vertretern und Vertreterinnen solcher Anschauungen wird daher selbst die nicht zweckgebundene E-Kunst mehr und mehr der Konsumästhetik der Geschäfte oder Einkaufszentren untergeordnet und vor allem die profitsteigernde »Raffinesse der kommerziellen Präsentation« in den Vordergrund gerückt. In diesem Bereich, hieß es im Jahr 2001 im reich illustrierten Katalog der Frankfurter Schirn-Ausstellung *Shopping*, erlebe man im »permanenten Shoppen« sowohl eine »narzißtische Lusterfüllung« als auch die »Partizipation an einem leicht konsumierbaren, kollektiven Glücksgefühl« (Max Hollein). Und so wirkte diese Ausstellung einerseits wie ein weiträumiger Supermarkt, andererseits wie eine Folge exklusiver Boutiquen, in denen die Reklame endlich zur höchsten Form der Kunst geworden war. Wie im New Yorker Guggenheim-Museum, wo man kurz zuvor Giorgio Armani-Anzüge und BMW-Motorräder ausgestellt hatte, wurde hier eine Ästhetik »promoted«, die fast ausschließlich auf der Maxime »I shop, therefore I am!« zu beruhen schien.

9. Kapitalistischer Realismus

>»In spite of all the good things the world has to offer us,
>you will find true happiness only in shopping«
>(Ally McBeal).

Von der kritischen Komponente, die anfänglich mit affirmativ überdeterminierten Begriffen wie Pop Art, Mass Produced Art, Walt Disney Art, Dime Store Art, Advertisement Art oder New Vulgarism verbunden war, ist bei solchen Demonstrationen der heutigen Reklame- und Konsumwelt nicht mehr viel zu spüren. Als Konrad Lueg und Gerhard Richter 1963 das Düsseldorfer Möbelhaus Berges unter dem Titel »Leben mit Pop« mit zynisch-ironischer Absicht in eine »Demonstration für den kapitalistischen Realismus« umfunktionierten, ging es ihnen noch um eine immanente Kritik an der Wirtschaftswunderwelt der frühen Bundesrepublik. Heute dagegen, wo ein möglichst hektischer Konsum in Zeiten wirtschaftlicher Rezessionen als »dringlichste Bürgerpflicht«, ja als Dienst an der »Nation« hingestellt wird, wie sich George W. Bush nach dem Angriff auf das New Yorker World Trade Center vom 11. September 2001 und die sich daran anschließende Börsenkatastrophe ausdrückte, hätten solche Warenhausdemonstrationen keinen kritischen Sinn mehr. Selbst mit der Ausstellung von Claudia Schiffer-Büstenhaltern, Chanel-Flakons oder Ralph Lauren-Unterhosen würden heutige Museen niemanden mehr schockieren. Schließlich sind inzwischen gerade derartige Produkte längst zu kommerziellen Fetischobjekten geworden, die von möglichst vielen Menschen begehrt und gekauft werden sollen. Ja, manche der total Gleichgeschalteten oder Superpatrioten unter den besserverdienenden Konsumenten und Konsumentinnen der euro-amerikanischen Länder haben beim Erwerb solcher Waren in den betreffenden Läden oder Einkaufszentren sogar ein gutes Gewissen, weil sie annehmen, auf diese Weise die Akzeleration der wirtschaftlichen Zuwachsrate zu beschleunigen und damit die Börsenkurse in die Höhe zu treiben.

Über die Yuppies der achtziger Jahre, die damals von den Resten der politisch engagierten Schichten noch als »Fashion Victims« hingestellt wurden, lächelt deshalb heute fast niemand mehr. Seit den neunziger Jahren sind die Yuppies und Gruftis längst zu Standardtypen jener oberen Gesellschaftsschichten geworden, die einen Kleidungsfabrikanten wie Giorgio Armani als maßstabsetzenden »Design-Klassiker« empfinden. Ja, sogar die mittleren Schichten der Bevölkerung beginnen schon, sich diesem »Stil« anzupassen. Heute ist daher der »kapitalistische Realismus« keine Negativvokabel mehr, sondern das Übliche, das allerorten Akzeptierte, das viele Menschen in den hochindustrialisierten Ländern als das »Selbstverständlichste von der Welt« empfinden. Dementsprechend erscheinen ständig neue Bücher über Kleidung, Teppiche, Badezimmer, Bedrooms, Dessous, Schaufensterdekorationen, Bilderrahmen, Möbel, schöne Gläser, festliche Menüs, Meißener Porzellan, russische Lackkunst, teu-

13 Karl Alfred Meysenbug: *Supermädchen. Die Verkäuferin Jolly Boom* (1968)

ren Schmuck, Art-Nouveau-Design, Klassiker der Mode, ja selbst über elegante Herrenschuhe, Handtaschen, Lippenstifte, Armbanduhren, Füllfederhalter sowie Lampen, Leuchter und Lüster, in denen sich ein weitverbreitetes Verlangen nach den Accessoires eines konsumfreudigen und zugleich »gehobenen« Lebensstils manifestiert.

Zu den aufschlußreichsten Ästhetiken dieser Richtung zählt daher ein Buch wie *Das konsumistische Manifest* von Norbert Bolz, das im Jahr 2002 erschien und von Peter Sloterdijk als die »geistreichste Publikation der Saison« angepriesen wurde. In ihm wird zwar zugegeben, daß von dem früheren »pursuit of happiness« fast nur die »happiness of pursuit« übrig geblieben ist, es aber endlich an der Zeit wäre, in diesem Wandel nicht nur etwas Negatives zu sehen. Anstatt noch Zuflucht bei hochkulturellen Identitätsvorstellungen zu suchen, werden hier die heutigen Wohlstandsbürger und -bürgerinnen aufgefordert, ihre Sinnbedürfnisse vornehmlich durch ein »reflexives« Shopping zu befriedigen, daß heißt sich als Flaneure alias müßig Umherschlendernde mit selbstbewußtseinsverstärkenden Gefühlen den merkantilen Glücksverheißungen der großen Warenhäuser und Einkaufsstraßen hinzugeben. Für Bolz ist demnach die Effektivität der heutigen Reklame die wirksamste »Gegen-Predigt« zur Kulturkritik jener »Gutmenschen«, die sich lange Zeit irgendwelchen antikapitalistischen Illusionen hingegeben hätten, statt im Tauschwert der verführerisch ausstaffierten Waren das Maß aller Dinge zu sehen. Das klingt fast so, als sei der unentwegte Konsum inzwischen das einzig zufrieden stellende »Opium des Volkes« geworden.

10. Popvisionen

>»Vergnügtsein heißt Einverstandensein«
>(Theodor W. Adorno/Max Horkheimer).

Doch nicht nur im Bereich der Reklame, auch in den Repräsentationsformen der popkulturellen Praxis herrscht heute ein »kapitalistischer Realismus«, der trotz seiner ins »Ästhetische« tendierenden

Verbrämung letztlich nur ein Ziel zu kennen scheint: nämlich möglichst breite Schichten der Bevölkerung mit seinen kommerziell homogenisierten Produkten zu überschütten und sie somit in den angeblich unaufhaltsamen Sog der allgemeinen Beschleunigung der industriellen Zuwachsrate hineinzuziehen. Trotz der heuchlerisch beibehaltenen Ideologie eines demokratischen Pluralismus sollen die zur Schau gestellten Produkte der allmächtigen, ja geradezu faschistoiden »Kulturindustrie« (Theodor W. Adorno) möglichst viele, wenn nicht gar alle Konsumenten und Konsumentinnen einer bestimmten Alters- oder Gesellschaftsschicht verführen, dafür das nötige »Kleingeld« auf den Tisch zu legen. In diesen Gefilden wird deshalb kein Mittel verschmäht, und sei es noch so grell, noch so laut oder noch so bunt, um durch eine bewußte Senkung des Niveaus einen möglichst breit gestreuten Absatz zu erzielen. Hier hält man sich weiterhin an die von dem US-Kulturkritiker H. L. Mencken bereits in den zwanziger Jahren aufgestellte Maxime: »Nobody ever went bankrupt, underestimating the taste of the general public.«

Die größten Erfolge mit solchen Verkaufsstrategien haben die Multimedia-Giganten bei den sogenannten Teens und Twens. Während die Bekleidungsindustrie dieser Altersschicht seit langem einen geradezu uniformen »Outfit« im Sinne der handelsüblichen Jeans-Mode verpaßt, werden die Fünfzehn- bis Fünfundzwanzigjährigen im Unterhaltungsbereich von Seiten der Freizeitindustrie geradezu pausenlos mit Popmusik, Bestsellern und Videoclips überschüttet sowie durch Performance-Ereignisse wie die Berliner Love Parade in den Bannkreis jener Eventkultur gezogen, die von diesen Schichten als modisch, sensationell, luststeigernd, kurzum: als trendy, sexy oder cool empfunden werden soll. Dies ist daher die Kunst jener als »Trendsetter« bezeichneten Gruppen geworden, mit der sich immer größere Teile der Bevölkerung identifizieren, während sie die sogenannten anspruchsvollen Kunstformen weitgehend als langweilig, überspannt oder lächerlich ablehnen.

Demzufolge dachten schon in den achtziger Jahren 45 Prozent der westdeutschen Bevölkerung bei dem Begriff »Freizeit« in erster Linie an Erholung oder Unterhaltung und nur 5 Prozent an höhere Kultur oder Weiterbildung. Ebenso »erhellend« sind andere Statistiken in dieser Hinsicht. 50 Prozent der bundesrepublikanischen Bürger und Bürgerinnen waren damals – ob nun aus Unbildung oder aus Finanzgründen – noch nie im Theater, in der Oper oder in einem E-Musik-Konzert gewesen. Weitere 20 Prozent hatten sich aus den gleichen Gründen erst zwei- bis dreimal in ihrem Leben in diese Bereiche vorgewagt. Demzufolge machte der Besuch von Konzerten mit sogenannter Klassischer Musik im Jahr 1983 im Freizeithaushalt aller Westdeutschen nur 0,04 Prozent, der von Theatern und Opernhäusern nur 0,1 Prozent aus. Etwas besser sah dagegen die Situation im Bereich der Museen aus. Sie wurden um 1980 alljährlich von fast 30 Millionen Menschen aufgesucht. Dabei handelte es sich jedoch weitgehend um Technik-, Verkehrs-, Heimat- oder Volkskundemuseen und nicht um Kunstmuseen. Der Prozentsatz an freier Zeit, den die Bewohner und Bewohnerinnen Westdeutschlands in Kunstmuseen verbrachten, blieb lange Zeit bei 0,7 bis 0,9 Prozent. Selbst eine spektakulär aufgezogene Ausstellung wie die Kasseler »Documenta«, die größte Ausstellung moderner und postmoderner Kunst in der Welt, zog in den achtziger und neunziger Jahren nur 0,6 bis 0,8 Prozent der bundesrepublikanischen Bevölkerung an.

    Die gleichen Beobachtungen lassen sich auf anderen Gebieten des Kulturbetriebs anstellen. Stets war es das große U, das in der BRD im Vordergrund stand, und nicht das kleine E, das sich mit einer höchst bescheidenen Rolle begnügen mußte. So lag etwa – den gängigen Meinungsbefragungen der Allensbacher und Bielefelder statistischen Büros zufolge – der Bekanntheitsgrad von Peter Frankenfeld, Elvis Presley und Freddy Quinn, also den Größen des Showgewerbes, in den siebziger und achtziger Jahren bei 99 bis 100 Prozent, während der Bekanntheitsgrad von Kulturgrößen wie Dante, Nietzsche oder Chagall nie über 2 bis 3 Prozent anstieg. Ähnliche Ergebnisse haben einige Zeit später Umfragen in anderen europäischen Ländern ergeben. So waren in England zwischen 2000 und 2003 unter den Musikinteressierten Britney Spears, Elvis Presley und Madonna wesentlich berühmter als Mozart oder Beethoven. Und daran hat sich auch in den inzwischen verflossenen Jahren nicht viel geändert. Was sich durchsetzte, war stets das, hinter dem das große Geld stand. Denn nur wer das nötige Investitionskapital aufbringen kann, verfügt auch über die nötige Reklame. Und wer die meiste Reklame macht, hat stets die größte Wirkung, falls seine Produkte keine allzu anspruchsvolle Note haben. Auf diese Weise ist der U-Kultur-Bereich zu einem ständig wachsenden Aktionsfeld der breitenwirksamen und damit umsatzfördernden Werbung geworden, während sich viele der museal erstarrenden Formen der älteren E-Kultur nur noch mit mühsam erbettelten Subventionen sponsorfreudiger Firmen oder weiterhin »kulturstaatlich« denkender Stadtverwaltungen am Leben erhalten lassen.

11. Viel Bewegung, aber nichts was sich bewegt

Soviel zur immer größeren Macht der Reklame, welche durch die sensationsheischende Besonderheit ihrer Emblematik selbst viele E-Kultur-Anhänger und -Anhängerinnen innerhalb der sogenannten »Me«-Generationen in ihren Bann zu ziehen versucht. Demzufolge ist sogar in weiten Bereichen der gegenwärtigen E-Kulturgüterproduktion der vordergründige Outfit immer wichtiger geworden. Über »Inhalte« wird daher in diesen Branchen nur noch in zweiter Linie geredet. Es ist die Art und Weise, wie die modisch ausstaffierten Objekte den jeweiligen Konsumenten und Konsumentinnen angeboten werden, die beklatscht oder feuilletonistisch herausgestrichen wird. Im Bereich des heutigen Regietheaters gilt das selbst für manche Werke der älteren E-Kultur, wo vor allem ins Poppige oder Postmoderne tendierende Inszenierungen mit Lob überschüttet werden. Wenn beispielsweise jemand in der Berliner Komischen Oper nach einer bizarr ausgestatteten Aufführung von *Hoffmanns Erzählungen* statt »Bravo Harry Kupfer« völlig unerwartet »Bravo Offenbach« rufen würde, würde er sicher von den Snobs im Parkett scheel angesehen werden.

Noch stärker ist diese Tendenz ins Veräußerlichte beim Umgang mit »moderner/postmoderner« Kunst geworden. Im Hinblick auf sie sind viele der gegenwärtigen Intellektuellen noch weniger an den inhaltlichen Komponenten solcher Werke interessiert. Und wenn einmal tiefer greifende »Probleme« auftauchen sollten, werden diese meist unter Umgehung aller gesamtgesellschaftlichen Bezugssysteme – wie etwa in »postmodernen« Filmen à la *Prospero's Books* von Peter Greenaway, *Eyes Wide Shut* von Stanley Kubrik, *Cremaster* von Matthew Barney und *Zentropa* von Lars von Trier – als psychologisch-esoterische, visuell-überladene oder erotisch-mythologische Sonderfälle behandelt. Genauer betrachtet, herrscht gerade in diesem Bereich häufig ein Wirrwarr unübersichtlicher Ereignisverläufe, die trotz aller modischen Neuheiten keine innere Zielrichtung aufweisen. Wie in den Rezensionen oder Glossen auf den Feuilletonseiten der großen Zeitungen ist hier das meiste – innerhalb der Erscheinungen Flucht – entweder lediglich »in« oder lediglich »out«. Konkretere Begründungen, die auch nach dem »Warum?« oder dem »Cui bono?« der inhaltlichen Restsubstrate solcher Werke fragen würden, gibt es auf diesem Sektor kaum noch.

Auf diese Weise wird zwar in den neuesten E-Künsten noch immer ein Zustand ständiger Bewegung vorgetäuscht, bei dem sich jedoch im Hinblick auf die gesellschaftliche Realität nichts wirklich bewegt, sondern alles lediglich den Wellenbewegungen der jeweiligen Trends und Moderichtungen folgt. Dieses Hin- und Hergewoge stellen zwar manche Vertreter und Vertreterinnen der entsprechenden Deutungswissenschaften mit einem möglichst differenzierten Fachjargon als eine Folge Aufsehen erregender »Paradigmawechsel« hin. Aber was sich da ändert, ist weitgehend die Verpackung, während die Sujets oftmals nur einen immer unwichtiger werdenden Vorwand für die wechselnden Drapierungen bilden. Wie im Bereich der industriellen Überproduktion, wo man bestimmten Gebrauchsgütern in regelmäßigen Abständen ein neues Design verpaßt, um sie damit – im Sinne einer geplanten Obsolenz – als »brandnew« verkaufen zu können, dienen demnach in vielen zeitgenössischen E-Künsten selbst häufig wechselnde Etiketten wie »Neue Mythologie«, »Neoexpressionismus«, »Neue Einfachheit« und »Neuer Realismus« oder ähnlich geartete Bezeichnungen wie »Modernis-

mus«, »Neue Subjektivität«, »Postmoderne«, »Postpostmoderne«, »Zweite Moderne« und »Neomoderne« oft nur noch einer ständig aufs Neue angekurbelten Bedürfniserweckung.
So wie die steigenden Börsenkurse immer wieder eine finanzielle Vorlust auf mögliche Veränderungen, wenn nicht gar Verbesserungen anstacheln sollen, bis eine neue Baisse diese Erwartungen dämpft, aber den Investoren und Investorinnen zugleich die Hoffnung auf einen neuen Anstieg der gefallenen Kurse gibt, wird auch im Bereich der künstlich hochgespielten E-Künste ständig mit dem Reiz des »Neuen« gepokert. Infolgedessen unterstehen fast alle der durch wohlgezielte Werbungen und Feuilletonbesprechungen angepriesenen Produkte dieser Kunst weitgehend dem Gesetz der »Wiederkehr des Ewig-Neuen« (Walter Benjamin) und dienen damit selbst auf diesem Gebiet vornehmlich einer unübersehbaren Akzelerierung der finanziellen Zuwachsrate. Auf diese Weise ist sogar die von ihren Liebhabern und Liebhaberinnen so gern als elitär und damit autonom herausgestrichene E-Kunst zusehends Teil der gleichen Vertriebszyklen geworden, die auch im Bereich der reklamegesteuerten Gebrauchsgüterindustrie von ausschlaggebender Wichtigkeit sind.

12. Sogar die Postmoderne verschwindet

> »Wäre die Reflexion der Ereignislosigkeit das letzte Ereignis, so könnte das Projekt der Postmoderne untergehen, bevor es aufgegangen ist«
> (Klaus R. Scherpe).

Im Gefolge dieses Siegeszugs der Werbemethoden heutiger Kulturindustrie über viele der älteren Kunstvorstellungen beginnt der Unterschied zwischen E- und U-Kultur, in dem sowohl die kritischen als auch die affirmativen Kunsttheoretiker und -theoretikerinnen lange Zeit die wichtigsten Ausprägungen des in zwei Branchen aufgespaltenen kapitalistischen Kulturbetriebs sahen, allmählich immer geringer zu werden. Was vor 50 Jahren noch den Charakter unüberbrückbarer Gegensätze hatte, ist sich – trotz einiger ins Extravagante gesteigerter Geschmacksorientierungen sowie anderer ästhetischer Scheinmanöver – inzwischen durch die merkliche Entwertung der dahinter stehenden Sinnvorstellungen ständig ähnlicher geworden. So gesehen, war selbst die sogenannte Postmoderne, obwohl auch sie in vielem die fortschreitende Einebnung der älteren Hochkultur zu Gunsten melancholisch-, zitathaft- oder ironisch-verspielter Darstellungsformen favorisierte, ein letzter Versuch, überhaupt noch einen neuen Stil, wenn auch in Form eines bewußt pluralistischen Un- oder Nichtstils zu kreieren, dem das angeblich bedeutungssteigernde Prinzip der diskursiven Dezentrierung zugrunde lag. Doch sogar solche Versuche werden heute – nach dem angeblichen »Ende der Geschichte« – von vielen systemimmanent argumentierenden Intelligenzlern und Intelligenzlerinnen lediglich milde belächelt. Und damit ist selbst die letzte künstlerische Stilformation verschwunden, in der sich weiterhin Restelemente eines »halbwegs avantgardistischen Bemühens« zu erkennen gaben, wie es noch in dem 1986 von Andreas Huyssen und Klaus R. Scherpe mit trotzig-optimistischem Elan herausgegebenen Band *Postmoderne. Zeichen eines kulturellen Wandels* hieß.

Demzufolge gibt es gegenwärtig fast keine E-Kultur-Werke mehr, die nach wie vor ins Avantgardistisch-Eingreifende zielen oder sich – wie große Teile der älteren E-Kunst – wenigstens durch einen kritisch-herausfordernden, idealistisch-versittlichenden oder schöngeistig-formvollendeten Charakter auszuzeichnen versuchen. Die meisten von ihnen wirken so sinnentpflichtet, daß sie – vor allem im Bereich der visuellen und akustischen Medienvermittlung – wie die Werke der U-Kultur von der Mehrheit der Kunstkonsumenten und -konsumentinnen auch als unterhaltsame Hintergrundseffekte rezipiert werden können. Hauptsache, es dudelt oder bewegt sich irgendetwas, wenn man sie hört oder sieht, um so den Horror vacui des relativ genormten Alltagslebens zu überblenden und auf diese Weise dem Gefühl einer bedeutungslos gewordenen Einsamkeit entgegenzuwirken. Im Gefolge dieser Entwicklung sind viele Werke der E- und U-Kultur in weiten Bereichen der momentan herrschenden Kunstwahrnehmung zu relativ gegensatzlosen Zwillingspaaren geworden, die selbst in ihrer Formgebung immer größere stilistische Ähnlichkeiten aufweisen.

Dementsprechend werden sogar höchst bedeutsame Werke des Kulturellen Erbes von geschickten Managern und Managerinnen der Kulturindustrie zusehends in den Sog jener Unterhaltungs- und Eventbetriebsamkeit hineingezogen, in der es primär um ichbezogene Zerstreuungen geht, mit denen die einschlägigen Freizeitindustrien die von allen anderen Sinnbezügen entleerte arbeitsfreie Zeit ihrer Konsumenten und Konsumentinnen mit massenmedial aufbereiteten kulinarischen oder erotischen Momentanreizen »anzureichern« versuchen. Gute Beispiele dafür wären die neuerdings in den

14   CD-Cover der Firma Love Notes (2003)

Musikabteilungen der großen Elektrogeschäfte, Buchläden oder Kulturkaufhäuser auftauchenden CDs, in denen ein Potpourri oder Medley »leichter Klassik« unter Titeln wie *For a Lazy Afternoon, For a Sunday Morning, For my Love* oder *For Evening Passions* mit den entsprechenden wohlgeformten »Models« auf den Umschlägen angeboten wird. Noch mehr »Appeal« sollen jene CDs haben, bei denen klassische Musik mit Kochrezepten vermischt wird und die mit einladenden Etiketten wie *Merlot, Filet Mignon & Mozart* sowie *Chardonnay, Shellfish & Schubert* oder *Champagne, Chocolate & Chopin* versehen sind. Ja, um auch das noch zu überbieten, gibt es sogar schon CDs, die sich einfach *Bedroom Bliss with Beethoven, Making Out to Mozart* oder *Shacking Up to Chopin* nennen.

13. E- und U-Kultur als gegensatzloses Zwillingspaar

>»Wer Vieles bringt, wird Keinem etwas bringen«
>(Bertolt Brecht).

Ich weiß, von vielen gegenwärtigen Kunstkritikern und -kritikerinnen wird diese Entwicklung innerhalb der verschiedenen E-Künste als etwas Positives, das heißt als eine steigende »Demokratisierung« begrüßt. Sie sehen darin eine fortschreitende Vermischung dessen, was in den Vereinigten Staaten und anderen hochindustrialisierten Ländern schon seit langem als eine relativ gelungene Synthese aus High und Low Culture gilt. Doch wie »demokratisch« ist eine E-Kunst, die sich zwar nicht mehr ins Randständige zurückzieht und sich dafür – ob nun aus finanziellen oder ideologischen Erwägungen – zusehends den Bedingungen jener Erlebnis-, Spaß-, Genuß- oder Event-Kultur anzupassen versucht, welche sich aller nur denkbaren Mittel der elektronischen »Zerstreuung« bedient, um nur ja keinen gesellschaftspolitischen Unmut an den ins Kommerzielle verflachten kulturellen Zuständen aufkommen zu lassen?

Von vielen systemimmanent denkenden Journalisten und Journalistinnen, ja selbst von manchen Kulturwissenschaftlern und -wissenschaftlerinnen, die sich für besonders »cool« oder »up to date« halten, wird die hier angesprochene Tendenz, nämlich auch in den E-Künsten auf die Erwartungshaltungen innerhalb der herrschenden Event-Kultur einzugehen, bereits als unabwendbar oder gar begrüßenswert hingestellt. Für sie liegen E- und U-Kunst – also Werke mit ästhetischem Anspruch und bloßer Camp, das heißt Johann Sebastian Bach und die Rolling Stones oder Pablo Picasso und die billigsten Comic Strips – schon weitgehend auf der gleichen Ebene, als sei der Gegensatz zwischen elitärer und trivialer Kunst ein bildungsbürgerliches Vorurteil oder eine rein akademische Fiktion. Statt wie vor 40 oder 50 Jahren noch zwischen High Brow-, Middle Brow- und Low Brow-Künsten zu unterscheiden, kokettieren diese Schichten heute gern mit der enormen Breite ihres »künstlerischen« Geschmacks, der von der Gregorianik bis zum Heavy Metal Rock, von Altamira bis zu Joseph Beuys, von Sappho bis zu Mickey Spillane reiche. Damit wollen sie den Eindruck einer angeblich demokratischen Vorurteilslosigkeit erwecken, die allerdings jedes gesellschaftsbezogene Telos vermissen läßt. Denn bei einer solchen Verzehrfreudigkeit, die einen ästhetischen Pferdemagen voraussetzt, wird schließlich fast gar nichts mehr rezipiert oder gar verarbeitet, sondern bloß noch bedenkenlos geschluckt. Ob hoch oder niedrig: hier zählt nur das, womit man sich auf eine möglichst unterhaltsame und damit entsublimierende Weise die Zeit vertreiben kann.

Und zwar wird dieser Trend meist mit Slogans untermalt, wie sie selbst die Reklamespezialisten oder -spezialistinnen der New Yorker Madison Avenue nicht besser erfinden könnten. Einer der bekanntesten davon lautet: »Don't be narrowminded! Hör nicht nur Klassik, gönn Dir auch mal ein paar Minuten Rock!« Mit solchen Sprüchen sollen auch im Rahmen der High-Brow-Schichten alle eventuell weiterbestehenden Aversionen gegen die sogenannten »Wonnen der Gewöhnlichkeit« abgebaut werden, wie diese spaßmachende Trivialität im Gefolge Thomas Manns in Deutschland lange Zeit umschrieben wurde. Ob sich das noch als ein entspannendes Unterhaltungsbedürfnis definieren läßt oder ob hierin nur ein allmähliches Einschwenken in die verführerische Reklamewelt des

15   Rolf Schenker aus der Gruppe »Scorpions« (1984)

gegenwärtigen Konsumgüter-Kapitalismus zum Ausdruck kommt, ist im Einzelnen manchmal kaum zu unterscheiden. Doch solche Differenzierungen interessieren die meisten Mediennutzer und -nutzerinnen gar nicht mehr. Sie sind längst dazu übergegangen, innerhalb dieses Trends ins Massenmediale – neben den mit hunderterlei Werbesignalen durchschossenen Pop-, Revue- und Talkshow-Sendungen – sogar den total kommerzialisierten Fernsehsport als eine legitime Form der gegenwärtigen »Kultur« zu empfinden. Jedenfalls erklärte Bill Clinton gegen Ende der neunziger Jahre nach einer Ostasienreise, wie stolz er sei, daß sogar die Chinesen die US-amerikanische »Kultur«, vor allem die Spielweise einer Basketball-Mannschaft wie die der Chicago Bulls, sehr wohl zu schätzen wüßten.

Wie soll man da noch zwischen »Kultur« und »Werbung« unterscheiden? In diesem Bereich, wo es um Millionen geht, sind nicht nur Sportler und Talkshow-Meister, sondern auch viele Künstler und Performer längst zu geschickten Werbeträgern ihrer selbst geworden. Wohl das beste Beispiel dafür ist der Videoclip innerhalb der MTV-Sendungen, wo die künstlerische Performance zugleich die geschäftliche Promotion ebendieser Performance ist. Kein Wunder daher, daß in Programmen dieser Art, in denen die medientechnologisch aufbereitete Popmusik zum reizüberflutenden Ausdrucksmittel konzerngesteuerter Werbestrategien wird, viele jugendliche Fernsehfans den absoluten Höhepunkt der heutigen Kunstentwicklung sehen.

14. Die zunehmende soziokulturelle Gleichschaltung innerhalb der heutigen Massenmedien

»Learning from Las Vegas«
(Robert Venturi).

Gleichviel, wie man diese Entwicklung ideologisch beurteilt, eins läßt sich wohl kaum leugnen: mit einer tatsächlichen »Demokratisierung« von Kultur hat all das sehr wenig zu tun. Mögen auch die Anhänger und Anhängerinnen der lange Zeit als »postmodern« geltenden Denk- und Kunstdiskurse noch so häufig von der »Aura der Einkaufspassagen«, von »artistisch gekonnter Bildschirmliteratur« oder von »klassischen Vergnügungsparks« sprechen, damit bekommt die Kulturindustrie der heutigen technologisch avancierten Länder keine inhaltliche Sinngebung, die sich als »pluralistisch« oder »demokratisch« bezeichnen ließe. In all dem spiegelt sich eher die Gesinnung einer Reklamewelt wider, deren Leitvorstellung einzig und allein das »Paradies expandierender Märkte« (Benjamin R. Barber) ist. Und dem liegt letztlich eine reklamegesteuerte Marktwirtschaft zugrunde, in der – im Rahmen immer härterer Konkurrenzbedingungen – nur noch der kapitalgesteuerte Eigennutz der großen Konzerne regiert. All dies führt zwar zu einer ständigen Ausweitung der profitträchtigen Entertainment-, Sport- und Eventkultur, aber nicht zu einer Sinngebung dessen, was einmal – in demokratisch-utopischer Hoffnung – zu Beginn der bürgerlichen Ära mit dem Motto »Freiheit, Gleichheit, Brüderlichkeit oder besser: Mitmenschlichkeit« umschrieben wurde.

Genauer besehen, manifestiert sich hierin die Unkultur einer finanziellen Raffgier, die sich in ihren Social engineering-Taktiken zusehends als die dominierende Manifestation einer anti- oder zumindest postdemokratischen Wirtschaftsordnung entpuppt. Von ethischen oder ästhetischen Leitvorstellungen ist daher auf dieser Ebene kaum noch die Rede. Doch nicht allein das. Die damit verbundene Wendung ins Massenmediale, Vordergründige und Reklamehafte bewirkt nicht nur eine enorme Gewinnsteigerung für die an ihr beteiligten Großkonzerne, sondern macht es diesen Firmen sowie ihren Werbespezialisten und -spezialistinnen zugleich leichter, ihre ideologisch gleichschaltende Macht über möglichst breite Bevölkerungsschichten auszudehnen. Sie erreichen das, indem sie diese Schichten – neben volksverdummenden Sportsendungen, die inzwischen selbst viele Intellektuelle »spannend« finden – vor allem mit Krimis, Horror Stories, Psychothrillern, Computerspielen, Seifenopern, Pornos, Comic Strips, Action-Filmen, Fantasy Novels, Schlagerparaden, Ratespielen, Quiz-Sendungen, Hit Tunes, MTV Spots, Boulevardkomödien und Rührstücken, kurz: Produkten einer kommerziellen Kulturindustrie berieseln, die keinerlei systemerhellende Elemente enthalten, ja nicht einmal eine inhaltliche Diskussion über die auch von ihnen heuchlerisch verkündete »individuelle Selbstrealisierung« innerhalb einer solchen Gesellschaft ermöglichen.

Demzufolge erweist sich dieser angeblich ins Populäre tendierende Trend letztlich nicht als demokratisierend, sondern eher als trivialisierend. Wahrhaft »populär« wäre schließlich nur das, was *für* die Interessen der Mehrheit der Bevölkerung eintritt, während trivialisierend stets das ist, was sich *gegen* die Interessen der Mehrheit der Bevölkerung wendet. Und so wird durch diesen Trend ins Massenmediale und ideologisch Gleichschaltende keineswegs jene »Pluralität« oder gar »Mündigkeit« befördert, von der in den offiziellen oder offiziösen Verlautbarungen der sogenannten Meinungsträgerschichten so viel die Rede ist. Im Gegenteil, durch diese Wendung ins Vordergründig-Reklamehafte verbreitet sich lediglich jene bereits um 1970 massiv angeprangerte »Eindimensionalität« (Herbert Marcuse), welche in immer breiteren Gesellschaftsschichten eine Mentalität erzeugt, die auf dem niedrigsten kulturideologischen Nenner beruht. Statt also innerhalb der Kunst, was auch oder gerade in den neuen Medien möglich wäre, den »kleinen Kreis der Kenner« durch staatliche Bildungsprogramme in den »großen Kreis der Kenner« zu erweitern, um ein Diktum Bertolt Brechts aufzugreifen, wird durch die weitgehend konzerngesteuerten oder zumindest systemimmanenten Massenmedien eine zunehmende Gleichschaltung erreicht, die, wie gesagt, nicht nur der größtmöglichen Profitmaximierung innerhalb der einzelnen Branchen der Druck- und Hörmedien dient, sondern die zugleich die Mehrheit der Konsumenten und Konsumentinnen politisch und kulturell auf den Bewußtseinszustand einer konformistisch gestimmten Masse herabzudrücken versucht. Und der Erfolg dieser Taktiken, die von US-amerikanischen Kritikern und Kritikerinnen solcher Verhältnisse gern mit Begriffen wie »Human conditioning« oder »Social engineering« umschrieben wird, ist unübersehbar.

Genau betrachtet, wirkt sich das auf alles aus: nicht nur auf das kulturideologische Bewußtsein vieler Menschen, sondern auch auf ihre systembedingte Unfähigkeit, die sozioökonomischen Widersprüche der sie umgebenden Gesellschaftsordnung zu durchschauen. Eingespannt in ein Netz tausendfältiger Beeinflussungen beruflicher und massenmedialer Art, vor allem von Seiten des Fernsehens und des Internets, können sie kaum noch über den Horizont des ihnen pausenlos Vorgesetzten und sie Überflutenden hinwegsehen. Trotz ihrer zum Teil zynischen Einstellung »denen da oben« gegenüber bilden sich daher viele Menschen in den hochindustrialisierten Ländern naiverweise ein, in relativ wohlfunktionierenden Demokratien zu leben, die allen Bürgern und Bürgerinnen weitgehend die gleichen Chancen einer »freiheitlichen Selbstrealisierung« bieten. Infolgedessen haben sie ästhetisch immer seltener das Bedürfnis nach einer über das Massenmediale hinausstrebenden kritischen oder gar höhergearteten Kunst. Das Ergebnis dieser fortschreitenden Gleichschaltung ist daher eine nur der Ablenkung oder zerstreuenden Unterhaltung dienende Spaß-, Nicht- oder Unkultur, welche nach dem »Stress« der Arbeitssituation keinerlei neue »Ansprüche« an die von ihr manipulierten Menschen stellt.

DAS POSTULAT EINER DEMOKRA-
TISCHEN A- ODER ALLGEMEINKULTUR

1. Das Unsoziale der heutigen Demokratien

>»The rich got richer and the poor got poorer«
>(Noam Chomsky).

Angesichts dieser Entwicklungen innerhalb der auf eine ideologische und konsumästhetische Gleichschaltung bedachten Massenmedien sowie jener computergesteuerten oder gentechnologischen Veränderungen, die uns seit kurzem ins Haus stehen, würde es sich empfehlen, etwas nachhaltiger als bisher über den wahren Sinn des propagandistisch aufgebauschten Schlagwortes »Demokratie«, das an sich »Volksherrschaft« bedeutet, nachzudenken. Die Taktik, »demokratische« Verfassungen – wie zur Zeit des Kalten Krieges – weiterhin als absoluten Widerpart zu allen »totalitären« Regimen von vornherein als »anti-kollektivistisch« und damit »freiheitlich« herauszustreichen, sollte sich angesichts der unaufhörlich wachsenden Macht der Werbung, der Massenmedien und der hinter ihnen stehenden Konzernideologien eigentlich inzwischen erübrigt haben. Und damit dürften auch jene Ausflüchte hinfällig geworden sein, selbst die dunklen Seiten sogenannter spätkapitalistischer Gesellschaftssysteme im Hinblick auf bestimmte noch dunklere Zustände in den Ländern des ehemaligen Ostblocks oder der Dritten Welt als vorübergehende Begleiterscheinungen auf dem Wege zu einer unbegrenzten politischen Freizügigkeit sowie ebenso unbegrenzten Erfüllung der steigenden Konsumbedürfnisse zu bagatellisieren. An sich wäre jetzt die Zeit gekommen, auch die eigenen sozioökonomischen Verhältnisse etwas kritischer unter die Lupe zu nehmen und sich zu fragen, was denn die zukunftsermöglichenden Ideale unserer unentwegt hochgelobten Demokratien sein könnten, ohne dabei – wie Ulrich Beck in *Die feindlose Demokratie* (1995), Richard Herzinger in

Die Tyrannei des Gemeinsinns. Bekenntnis zur egoistischen Gesellschaft (1997) oder Norbert Bolz in *Das konsumistische Manifest* (2002) – wieder einmal auf einen längst verwaschenen Liberalismus zurückzugreifen, dem lediglich eine ungehemmte Verbraucher- und Verbraucherinnengesinnung zugrunde liegt.

In den fünfziger Jahren konnte, wie gesagt, ein westdeutscher Wirtschaftsminister wie Ludwig Erhard – im Ankampf gegen den östlichen »Totalitarismus« – noch behaupten, daß Demokratien wie die Bundesrepublik Deutschland lediglich »ökonomische Rahmengebilde« ohne jede ideologische Verbrämung seien, in denen dem »Bereicherungsdrang des Einzelnen so wenige Schranken wie nur möglich entgegengestellt werden sollten«. Ja, damals – nach der faschistischen Tyrannei und den ersten, zum Teil recht drakonisch durchgeführten Sozialisierungsmaßnahmen in der DDR – nahmen ihm viele westdeutsche Bürger und Bürgerinnen solche Argumente, hinter denen das großspurige Versprechen eines »Wohlstands für Alle« stand, noch durchaus ab. Aber dato, wo der Kapitalismus seine braunen und roten Gegner weitgehend überwunden oder zumindest marginalisiert hat? Steht er nicht nach all diesen Siegen nur noch einem Gegner, »nämlich sich selbst« (Heiner Müller), gegenüber? Schließlich hat dieser unentwegt propagierte »Bereicherungsdrang« sowohl in Deutschland als auch in anderen hochindustrialisierten Staaten keineswegs zu jenem immer wieder beschworenen breit gestreuten Reichtum, sondern zu Gesellschaften geführt, in denen den oberen 4,5 Prozent der Bevölkerung fast alles und den unteren 40 Prozent fast nichts gehört. Oder um es noch konkreter zu formulieren: Während ein Konzernmanager in den Vereinigten Staaten um 1980 »nur« 42 mal so viel verdiente wie ein Arbeiter, stieg sein Gehalt bis zum Jahr 2000 auf eine Summe an, die rund 530 Arbeitergehältern entspricht. Dieselbe Ungleichheit herrscht auf dem Aktienmarkt, wo zwischen 1989 und 1997 ein Prozent der US-amerikanischen Bevölkerung 46 Prozent der Dividenden einkassierte. Fast die gleichen Zahlen gelten für Deutschland, England, Frankreich und Italien. So haben sich in der Bundesrepublik zwischen 1980 und 1998 die Gewinne der Industrieunternehmer verdoppelt, während die

> **What does possession mean to you?**
>
> 7% of our population own 84% of our wealth
>
> *The Economist, 15 January, 1966*

16 Victor Burgin: *Possessions* (1976)

Löhne und Gehälter fast die gleichen blieben und die Arbeitslosigkeit drastisch anstieg. Und hat nicht dadurch das viel zitierte Schlagwort von der »freiheitlichen Selbstrealisierung« jedes Einzelnen, das im 19. Jahrhundert noch mit bürgerlicher Aufmüpfigkeit gegen die

Herrschsucht des 1. und 2. Standes gerichtet war, inzwischen seinen ehemals positiven Beiklang längst eingebüßt?

Von der scheinheiligen Utopie eines »Wohlstands für Alle«, mit der man in den fünfziger Jahren in den avancierten Industrieländern des »Westens« die Mehrheit der Arbeiter und kleinen Angestellten zu ködern versuchte, ist deshalb heute kaum noch die Rede. Dagegen sind die sozioökonomischen und ökologischen Folgen der marktwirtschaftlichen Skrupellosigkeit zu Gunsten der herrschenden Oberschicht – trotz aller Verschleierungsmanöver – kaum noch zu übersehen. Schließlich bedroht die zum obersten Fetisch gewordene Akzelerierung der ökonomischen Zuwachsrate und die sich daraus ergebende Verstraßung, Verdrahtung, Verschilderung, Vermüllung, Verlärmung, Verdreckung, Verstrahlung und Verseuchung nicht nur die vielbeschworene »Lebensqualität« der Bewohner und Bewohnerinnen der hochindustrialisierten Länder, sondern stellt durch die Ausdünnung der Ozonschicht, die Folgen der allmählichen Erderwärmung, die Abnahme der Wälder, die Gefährdung des Grundwassers, die Verpestung der Meere, die ungehemmte Bevölkerungszunahme, die Zersiedlung der landwirtschaftlichen Nutzflächen, das Verschwindens der Artenvielfalt sowie die Zunahme der Wüsten- und Steppengebiete die natürlichen Grundlagen des Weiterlebens *aller* Menschen auf Erden in Frage. Und was wäre an solchen Phänomenen, die zu einer fortschreitenden Unwirtlichkeit unseres Planeten führen, verantwortungsbewußt, sozial oder gar demokratisch?

Wer also im Hinblick auf diese Entwicklung weiterhin von »Demokratisierung« spricht, macht sich letztlich mitschuldig an den Konsequenzen jenes konzerngesteuerten Bereicherungsdranges, dessen industrielle und ökologische Eigendynamik fast etwas Selbstmörderisches angenommen hat. Drum: statt sich einfach überrollen zu lassen, sollten wir uns lieber unter die Kritiker und Kritikerinnen dieser Entwicklung begeben und uns damit in den Augen der systemimmanenten Handlanger und Handlangerinnen der großen Konzerne als widerspenstige »Rückwärtser« bloßstellen. Einer der entschiedensten Rückwärtser dieser Art war Günther Anders, der schon 1956 mit verbitterter Härte erklärte: »Wer kritisiert, der stört sowohl den Entwicklungsgang der Industrie wie den Absatz der Produkte; mindestens hat er die naive Absicht, solche Störung zu versuchen. Da aber der Gang der Industrie und der Absatz auf jeden Fall vorwärts gehen soll, ist Kritik eo ipso Sabotage des Fortschritts; und damit eben reaktionär.« Das klang damals wie ein im Leeren verhallender Hilferuf eines ideologisch Vereinsamten, der sich als systemkritischer Exilant in der Los Angeles-Welt der fünfziger Jahre fast ausschließlich von »spätkapitalistischen« Mitläufern und Mitläuferinnen umgeben sah. Doch auch in der »Wirtschaftswunder«-Welt der ehemaligen Bundesrepublik wollte zu diesem Zeitpunkt fast niemand auf eine solche Stimme hören.

2. Sich einfach treiben lassen

> »Nur tote Fische schwimmen mit dem Strom«
> (Altchinesisches Sprichwort).

Gut, das waren die fünfziger Jahre, ließe sich einwenden, als für solche Probleme noch kein breiteres Bewußtsein existierte. Aber gibt es nicht heutzutage, wo die Weltlage viel brenzliger geworden ist, genug mögliche Bündnispartner oder -partnerinnen, mit denen man gegen die systemimmanenten Tendenzen der führenden Massenmedien sowie ihre sozialen und ökologischen Folgen opponieren könnte? Es gibt sie, aber sie waren bis vor kurzem relativ dünn gesät. Schließlich wird aufgrund der massenmedial verbreiteten »Freedom and Democracy«-Konzepte (Bertolt Brecht) vielen Menschen innerhalb der hochindustrialisierten Gesellschaftsordnungen kaum noch bewußt, daß sie in mancher Hinsicht lediglich ideologisch überformte Mitläufer oder Mitläuferinnen eines sozioökonomischen und ökologischen Systems sind, in dem eine winzige Minderheit immer vermögender und einflußreicher wird, während sich die Anderen mit einer mittelständischen oder gar armen Existenzform begnügen müssen. Ständig den aufputschenden bzw. narkotisierenden Parolen der allgegenwärtigen Medienindustrie ausgeliefert und somit im Zustand eines falschen Bewußtseins lebend, können solche Bevölkerungsschichten nicht mehr erkennen, daß dieses angeblich chancengleiche System der »unbegrenzten Möglichkeiten« sowohl auf der Ausbeutung aller schlechter verdienenden Menschen als auch der Ausbeutung aller natürlichen Rohstoffe beruht. Und dabei ist diese »Ausschlachtung« im Zuge einer rasanten Akzelerierung der industriellen Zuwachsrate immer bedrohlicher geworden, wie es Elmar Treptow in seinem im Jahr 2001 erschienenen Buch *Die erhabene Natur. Entwurf einer ökologischen Ästhetik* in aller Schärfe herausgestellt hat. Kurzum: große Teile der Bevölkerung wollen einfach nicht wahrhaben, daß diese Entwicklung zwar den gesellschaftlichen Führungseliten sowie dem gehobenen Mittelstand durchaus eine Fülle materieller Vorteile verschafft, jedoch langfristig zum Kollaps des gesamten Systems führen könnte.

Obwohl es, wie etwa innerhalb der grünen Parteien oder unter den Mitgliedern der Attac-Bewegung, auch entschiedene Widersacher und Widersacherinnen dieser unentwegten Akzelerierung der industriellen Produktions- und Konsumrate gibt, die sich energisch gegen jene publizistischen Handlanger und Handlangerinnen wenden, welche diese Vorgänge entweder geschickt verschleiern oder sie – im Gefolge von Rolf Peter Sieferles Buch *Fortschrittsfeinde? Opposition gegen Technik und Industrie von der Romantik bis zur Gegenwart* (1989) – als Folgeerscheinungen notwendiger industrieller »Sachzwänge« hinstellen, ist die Zahl derer, die sich gegen die Konsequenzen des ständig akzelerierten Bereicherungsdranges und seiner journalistischen oder auch akademischen Beschönigung aussprechen, leider noch immer nicht groß genug, um durch einen politischen Konsens eine Änderung dieser immer hektischer werdenden Ausbeutungs-, wenn nicht Zerstörungsprozesse herbeizuführen. Viele Menschen lassen sich im Rahmen solcher Wirtschaftssysteme vom Strom der Ereignisse einfach mittreiben und denken im Sinne gängiger Slogans wie »Hauptsache Ich« oder »Nach mir die Sintflut« nicht mehr daran, irgendwelche Gegenbilder besserer sozioökonomischer und zugleich ökologisch verträglicherer Zustände aufzurichten. Während in den Zeiten der bürgerlichen und proletarischen Revolutionen der letzten 250 Jahre in den kulturpolitischen Theoriebildungen stets positive Modelle einer »anderen, besseren Gesellschaft« entworfen wurden, wie Antje Vollmer 1987 anläßlich einer Diskussion über die politische Irrelevanz der 8. Kasseler »Documenta« erklärte, ist heute die Ideologie- und Kunstproduktion auf dem Sektor des Vorwärtsweisenden fast völlig zum Erliegen gekommen. Und wenn sich – nach dem Scheitern so vieler älterer Alternativkonzepte – noch irgendwo utopische Intentionen bemerkbar machen, werden sie von systemimmanenten Journalisten und Journalistinnen sofort unter Zuhilfenahme des apodiktischen Schlagworts »Totalitarismus« als »kollektivistisch«, »präskriptiv« und damit eo ipso »undemokratisch« an den Pranger gestellt oder als »ineffektiv« der Lächerlichkeit preisgegeben.

Demzufolge ist auf vielen Ebenen jene bereits vor Jahrzehnten von Herbert Marcuse angeprangerte ideologische »Eindimensionalität« eingetreten, die von den maßgeblichen Trägerschichten innerhalb der politischen und wirtschaftlichen Eliten sowie der von ihnen beeinflußten Massenmedien geradezu unentwegt ins angeblich Demokratische umgelogen wird. Aufgrund dieser höchst geschickt eingesetzten Human conditioning- oder Social engineering-Taktiken läßt sich die Mehrheit der von ihnen Beeinflußten einfach passiv weitertreiben, ohne groß an eine sozial gerechtere Gesellschaftsordnung sowie eine ökologische Nachhaltigkeit und damit die Überlebenschancen der nächsten Generationen zu denken. Und die Folgen dieser Alternativlosigkeit sind bereits überall zu spüren. Wenn nämlich in einer Gesellschaft die »Oasen der Utopie« austrocknen, wie Jürgen Habermas 1985 in seinem Büchlein *Die neue Unübersichtlichkeit* erklärte, breitet sich notwendig ein Zustand der »allgemeinen Ratlosigkeit und Banalität« aus.

Doch trotz solcher Warnungen wird in vielen soziokulturellen Theoriebildungen affirmativ eingestellter Geistes- und Kulturwissenschaftler und -wissenschaftlerinnen, wenn von jenen Gefahren die Rede ist, welche den in diesen Zuständen lebenden Menschen drohen, letztlich immer wieder auf das Positive der heutigen pluralistisch-demokratischen Wirtschafts- und Gesellschaftsordnungen mitsamt ihrer angeblichen Political Correctness-Vorteile hingewiesen. Demzufolge stellen selbst jene Menschen, die sich ernsthaft mit derartigen Problemen auseinander setzen, solche Bücher meist mit dem trügerischen Gefühl der Beruhigung wieder ins Regal zurück, weiterhin in relativ erträglichen Zuständen zu leben. Ja, manche lassen sich nach der Lektüre derartiger Schriften im Gefolge der in ihnen angepriesenen »demokratischen« Verbrauchergesinnung erneut bedenkenlos vom Strom der Geschichte weitertragen, ohne dabei ein schlechtes Gewissen der Mitschuld zu haben. Schließlich sind ideologische oder »psychische Entlastungen«, wie es früher in den Schriften Arnold Gehlens oder Odo Marquards hieß, schon immer ein Hauptbedürfnis aller nicht-aufmutzenden Mitläufer und Mitläuferinnen gewesen.

3. Die politischen Ideale einer wahren Volksherrschaft

> »Jede Kritik, hinter der keine Utopie einer besseren
> Gesellschaft steht, bleibt letztlich an der Oberfläche«
> (Herbert Marcuse).

Eine Änderung in dieser Hinsicht könnte erst dann eintreten, falls mehr und mehr Menschen, wie bereits ausgeführt, dem politisch und sozioökonomisch längst verhunzten Begriff »Demokratie« seinen ursprünglichen Sinn, nämlich den einer wahren »Volksherrschaft« zurückgeben würden und eine sinnvollere Partizipation sämtlicher Bürger und Bürgerinnen bei allen staatlichen Verfügungsbestimmungen sowie eine gerechtere Distribution der ökonomischen Gewinnanteile ins Auge faßten. Nur dann, wenn es keine Bedenken mehr gäbe, im Hinblick auf die gegenwärtig bestehende gesellschaftliche Grundordnung nicht allein von »Freiheit«, sondern auch von »Gleichheit und Brüderlichkeit oder besser: Mitmenschlichkeit« zu sprechen, ließe sich in den USA, Kanada, Japan, Südkorea und den Ländern Westeuropas, in denen nur ein knappes Viertel der Erdbevölkerung wohnt, aber wo dennoch 80 Prozent aller Industriegüter hergestellt werden, über längst fällige Demokratisierungsmaßnahmen diskutieren. Und dazu gehörten vor allem die Einschränkung der Luxusbedürfnisse, die Abschaffung des Reklamewesens, der Schutz der natürlichen Mitwelt, die Aufhebung der Großvermögen, die Liquidierung des Aktienwesens, das Mitbestimmungsrecht in der Schwerindustrie, die Ausweitung genossenschaftlicher Einrichtungen, eine arbeitsrechtlich garantierte Vollbeschäftigung sowie eine kommunitaristisch geregelte Kinder- und Altersversorgung, um so eine unmittelbare Teilhabe aller Bürger und Bürgerinnen an den sie betreffenden öffentlichen Angelegenheiten zu ermöglichen.

Die sogenannten Wertegremien innerhalb mehrerer westdeutscher Parteien haben sich zwar bereits in den siebziger und achtziger Jahren ausführlich mit solchen Problemen auseinandergesetzt, sind aber bei ihren Erörterungen stets irgendwelchen politisch verbindlichen Leitkonzepten aus dem Wege gegangen, da sie ihre demokratischen Anschauungen meist im Sinne eines individualitätsbezogenen Materialismus oder Konsumismus verstanden. Alle darüber hinausgehenden Vorstellungen mußten sie daher von vornherein als kollektivistisch, persönlichkeitsbedrohend oder gar kommunistisch ablehnen, um nicht gegen das von Karl R. Popper aufgestellte Prinzip einer pluralistisch-offenen Gesellschaft zu verstoßen, das immer wieder zur Selbstlegitimierung angeblich »demokratischer« Ideale herangezogen wurde. Wolfgang Abendroths Motto »Keine Demokratie ohne Sozialismus, kein Sozialismus ohne Demokratie«, das eine sinnvolle Alternative zu einem solchen Gesellschaftskonzept geboten hätte, fiel daher selbst bei den Sozialdemokraten auf taube Ohren. Ja, nicht nur das, sie schlossen einen Querdenker wie ihn in den sechziger Jahren sogar aus ihrer Partei aus, da ihnen derartige Anschauungen im Rahmen des nordatlantischen Bündnissystems von vornherein als zu »utopistisch« oder »östlich« erschienen.

Doch ohne irgendwelche »Konkreten Utopien« (Ernst Bloch) sozial gerechterer und zugleich ökologisch verträglicherer Gesellschaftsordnungen wird jene »Negative Dialektik« innerhalb der gesellschaftlichen Entwicklungsprozesse, die Theodor W. Adorno

17 Tony Cragg: *Complete Omnevore* (1993)

bereits um die Mitte des vorigen Jahrhunderts als ein höchst bedrohliches Schibboleth an die Wand gemalt hat, kaum aufzuhalten sein. Lediglich unbekümmert im Trüben herumzufischen, um so der bereits arg verschandelten Natur die letzten Reste an ausbeutbaren Substanzen zu entreißen und sie innerhalb der bereits überindustrialisierten Länder der Ersten Welt in den Dienst einer profiteinträglichen Bedürfnissteigerung zu stellen, würde uns der Irreversibilität einer allgemeinen Verseuchung von Luft, Wasser und Erde nur noch schneller entgegenbringen als bisher. Und daß diese – im Sinne des Allesfresserischen und damit »Zernichtenden«, wie es bereits der alte Goethe genannt hat – von Jahr zu Jahr immer bedrohlicher wird, läßt sich wohl kaum noch leugnen.

Wer also diesen Amoklauf verlangsamen oder gar bremsen will, sollte sich so schnell wie möglich jenen Menschen anschließen, die sich als Widersacher und Widersacherinnen dieser Entwicklung nicht von der falschen Alternative »Demokratie versus Totalitarismus« irreführen lassen und statt dessen der depravierten Form der heutigen Demokratien das Konzept einer wahren, das heißt konsequent enthierarchisierten und entkartellisierten »Volksherrschaft« entgegenstellen. In einer solchen Gesellschaft dürfte – im Gegensatz zur ständigen Anheizung der industriellen Zuwachsrate – nicht mehr die Verschwendungssucht einer im Voraus geplanten »Wegwerfproduktion« (Hayden White) im Vordergrund stehen, sondern müßte ein demokratischer Konsensus darüber herrschen, wie sich eine mit der Natur verträgliche Industrie aufrechterhalten läßt (Ernest Callenbach), welche stets die Nachhaltigkeit der ökologischen Grundlagen allen Lebens auf Erden im Auge behalten würde.

Allerdings gehörte dazu eine Gesinnung, die endlich mit der schrankenlosen »Selbstrealisierung« der Besserverdienenden innerhalb der sogenannten avancierten Länder der Ersten Welt Schluß machen würde. An ihre Stelle sollte die Einsicht treten, daß jene Schichten – die heute auf Kosten der Armen in der Dritten Welt wie auch der Armen in ihren eigenen Ländern in einem materiellen Überfluß leben, der die Existenz aller Menschen bedroht – um der Verwirklichung demokratischer Grundrechte willen auf ihre wirtschaftliche und damit politische Sonderstellung verzichten müssen. Denn wie läßt sich ein staatliches Gebilde als »Government of the people, by the people, and for the people« (Abraham Lincoln) bezeichnen, wo nicht die Vielen, sondern die Wenigen an den Schalthebeln der Macht sitzen und diese Positionen vorwiegend zur Verbesserung ihrer eigenen sozioökonomischen Privilegien ausnutzen?

Doch eine solche Einsicht wird sich in wirtschaftlichen Konjunkturzeiten, in denen das Stück vom großen Kuchen, das in den hochindustrialisierten Ländern für die Mehrheit der Bevölkerung übrigbleibt, nicht allzu klein ausfällt, kaum erreichen lassen. Dazu ist die

Macht der die angeblich neoliberalen, aber in Wirklichkeit plutokratischen Verhältnisse beschönigenden Massenmedien in solchen Staaten viel zu groß. Höchstwahrscheinlich, wenn überhaupt, wird dort eine solche Einsicht erst dann eintreten, wenn es aufgrund der ungehemmten Verbrauchsgier innerhalb der heutigen marktwirtschaftlichen Systeme zu sozioökonomischen und/oder ökologischen Krisen kommen sollte, die sich nicht mehr ohne weiteres mit den Social engineering-Strategien der heutigen Medienapparate überblenden lassen.

Erste Anzeichen solcher gegenläufiger Tendenzen waren die eindrucksvollen Demonstrationen der Globalisierungsgegner und -gegnerinnen, die im Jahr 2001 anläßlich einer Gipfelkonferenz der sieben großen Industrieländer der Erde ihren Auftakt in Seattle erlebten, sowie die weltweiten Friedensbemühungen vor dem zweiten Irak-Krieg im Frühjahr 2003. Hier wie dort gelang es durch die Internet-Aufrufe von Organisationen wie UFPJ, MoveOn, Peoples Global Action, Attac und vieler anderer Gruppen – trotz mancher Widrigkeiten – Hunderttausende und schließlich Millionen von Menschen gegen die konzerngesteuerten Imperialregime zu mobilisieren. Diese Aktionen, die häufig unter dem Motto »Eine andere Welt ist möglich!« standen, zeitigten zwar keine unmittelbaren Erfolge, ja die daran Teilnehmenden wurden sogar in den systemimmanenten Medien, vor allem in den Vereinigten Staaten, weitgehend als Rowdies oder Chaoten abqualifiziert, riefen aber dennoch bei vielen Menschen Hoffnungen auf eine »Globalisierung von unten« wach, mit der sich die »Globalisierung von oben« möglicherweise verhindern ließe. Und zu diesen Hoffnungen gehört auch – neben einem wachsenden Unmut über die ungerechte Verteilung der materiellen Güter und die damit verbundene Verelendung breitester Bevölkerungsschichten – die Heraufkunft eines wachsenden ökologischen Bewußtseins, das auf kunsttheoretischer Ebene sogar zu einer »grünen Ästhetik« führen könnte, zu der es bisher erst höchst bescheidene Ansätze (Hartmut Böhme, Peter Morris-Keitel, Michael Niedermeier, Elmar Treptow) gibt.

18 Illustration zu einem Aufsatz aus der Zeitschrift *Deutschland* (2003)

4. Ohne positive Leitbilder keine Erneuerung der Kultur

»Ich glaube nicht an die Trennbarkeit von Kunst und Belehrung«
(Bertolt Brecht).

So viel – auf wenige Thesen reduziert – zu den politischen und sozioökonomischen Leitbildern einer zukünftigen Demokratie, die diesen Ehrennamen tatsächlich verdiente. Im Folgenden soll daran anschließend etwas ausführlicher von den kulturellen Leitbildern einer solchen ideologischen Umorientierung die Rede sein. Auch hier wird man von der bitteren Einsicht ausgehen müssen, daß sich über die Verwirklichung von ins Mitmenschliche oder Genossenschaftliche zielender Veränderungsvorschläge offenbar erst dann ein demokratischer Konsensus herausbilden könnte, wenn es aufgrund zukünftiger wirtschaftlicher oder ökologischer Krisensituationen zu einer sozialen Verunsicherung breitester Bevölkerungsschichten käme, gegen die sich selbst massenmediale Beschwichtigungsversuche als unwirksam erweisen würden. Erst in einer solchen Situation wäre vielleicht eine konkrete Chance gegeben, erstmals über die Möglichkeit einer wahrhaft demokratischen, das heißt A- oder Allgemeinkultur zu sprechen.

Statt also weiterhin eine Kulturkritik zu üben, die auf der allmählich obsolet werdenden Alternative »elitäre E-Kultur versus triviale U-Kultur« beruht, wäre es ratsam, sich in Zukunft auf diesem Gebiet stärker als bisher für eine Kritik einzusetzen, der die demokratisierende Alternative »mögliche A-Kultur versus heutige E- *und* U-Kultur« zugrunde liegt. Wohin uns die akademisch-anspruchsvolle Kulturkritik Theodor W. Adornos sowie die seiner Nachbeter und Nachbeterinnen geführt hat, haben wir gesehen: zu einer immer größeren Randständigkeit jener E-Künste, die im gesellschaftlichen Abseits – aufgrund ihrer Verachtung jeglicher Popularität – zum Teil höchst bizarre Formen angenommen haben. Solche Konzepte zu favorisieren, beginnt daher selbst im Rahmen der neoliberalen Intelligenz allmählich als »abständig« zu gelten. Allerdings verfällt die Kritik dieser Schichten dabei nur allzu leicht ins andere Extrem, indem sie gegen die »medienkritische Hochnäsigkeit« der früheren Verfechter und Verfechterinnen der älteren wie auch der modernistisch eingestellten E-Kunst eine ins Unterhaltsame tendierende »Kulturwirtschaft« befürwortet (Manfred Mai), die sie mit »postkapitalistischer« Beflissenheit – als ob es heute nur noch medienhungrige Konsumenten und Konsumentinnen, aber keine tatsächlich Arbeitenden mehr gäbe – auf den angeblichen Strukturwandel der gegenwärtigen Gesellschaft aus einer Produktions- in eine Freizeitsphäre zurückzuführen versucht. Für elitäre Kulturkritiker, die sich weiterhin am Status der publikumsfeindlichen Musik Arnold Schönbergs und seines

Kreises, der verrätselten Bilder eines Paul Klee oder der hermetischen Lyrik Paul Celans orientieren, haben deshalb diese Kreise nur noch ein müdes Lächeln übrig – und sind sich im Rahmen solcher Sehweisen von vornherein der Zustimmung weitester Schichten unter den gegenwärtigen Kulturkonsumenten und -konsumentinnen sicher. Das zentrale Leitbild ihrer Form einer »demokratischen« Kultur ist demzufolge die heutige Erlebnis-, Spaß- oder Eventkultur, die ihren Bürgern und Bürgerinnen durch wesentlich erweiterte Medien- und Sportangebote angeblich immer mehr lustbetonte »Freiräume« biete. Als Beispiele dafür weisen sie unter anderem auf Phänomene wie die Berliner Love Parade, die unaufhörlich anheizende Diskomusik, die vielen Open Air Festivals, das reiche Angebot an Computerspielen, Fernsehsendungen wie TV Total und Big Brother, die Meisterschaftskämpfe im Fußball und Tennis, die Daily Talkshows oder ähnliche unterhaltungsorientierte Features hin. Ja, viele Befürworter und Befürworterinnen dieser Art von »Kultur« finden im Hinblick auf derartige Phänomene den angeblichen Wandel von der Industrie- zur Erlebnisgesellschaft bereits »nicht mehr reversibel« (Manfred Mai).

Welch ein Behagen an den »Wonnen der Gewöhnlichkeit«! Und welch ein Verzicht, was fast noch schlimmer ist, auf irgendwelche nichtaffirmativen oder gar kritischen Perspektiven! Wo bleibt da die Einsicht, daß nicht nur das Anspruchsvoll-Elitäre und Traurig-Verspielte, sondern auch das häufig als mediengerecht oder wohltuend unterhaltsam Bezeichnete einen von den tatsächlichen, das heißt den politischen, sozioökonomischen und ökologischen Problemen der heutigen Gesellschaft ablenkenden Charakter hat? Statt im besten Sinne »populär« zu sein, mit anderen Worten: die Interessen der Mehrheit der Bevölkerung zu vertreten, setzen sich – genau betrachtet – weder die Produkte der gegenwärtigen E-Kultur noch die Produkte der gegenwärtigen U-Kultur für die politischen, sozialen und kulturellen Belange der sie weitgehend widerstandslos konsumierenden Bürger und Bürgerinnen ein. Die E-Kultur befriedigt in ihrer randständigen »Interessantheit« lediglich jene Akademikerkreise, die zwar noch zum Teil vom kulturellen Hochmut der bildungsbürgerlichen Schichten des 19. und frühen 20. Jahrhunderts zehren, aber inzwischen ihren früheren gesamtkulturellen Repräsentanz- oder Stellvertretungsanspruch, nämlich die wichtigste, wenn nicht alleinige Trägerschicht der nationalen Kultur zu sein, größtenteils aufgegeben haben. Die U-Kultur ist dagegen lediglich ein zeitvertreibendes Narkotikum in den Händen der großen Medienkonzerne geworden, mit dem sie immer größere Teile der Bevölkerung in ein »post-ideologisches Schlaraffenland« der »Selbstverdinglichung« (Günther Anders) zu entführen hoffen, um sie so von ihren gesellschaftlich »konkreten« Interessen abzulenken.

Demgegenüber müßten sich all jene, welche – ungeachtet der zynischen Abwehrgesten der universitären E-Kultur-Tuis – die mögliche Heraufkunft einer A- oder Allgemeinkultur befürworten, schon heute für eine größere Berücksichtigung wahrhaft »demokratischer« Zielvorstellungen innerhalb des zwar in viele Sparten aufgesplitterten, aber ideologisch nichtsdestotrotz gleichgeschalteten Kulturbetriebs einsetzen und versuchen, solchen Zielvorstellungen eine gesamtgesellschaftlich verpflichtende Relevanz zu geben. Statt aus Wut über die Irrelevanz der Restformen der gegenwärtigen E-Kunst, die ohnehin nur noch drei bis vier Prozent der Bevölkerung interessieren, alle höheren Kunstformen als schlechthin »affirmativ« zu verwerfen, wie das in den rebellisch gesinnten Gruppen der dadaistischen Kulturrevolutionäre um 1919/20 und dann wieder bei einigen *Kursbuch*-Autoren oder maoistisch gesinnten Gruppen zwischen 1968 und 1973/74 üblich war, sollten sie eine Kunst propagieren, an der nicht nur die hauchdünne Schicht der e-kulturell »Eingeweihten« ihr versnobtes oder melancholisches Vergnügen hat, sondern die wieder Themen aufgreift, welche von der Mehrheit der Bevölkerung als sie betreffend empfunden würden.

Während unter den gegenwärtigen U-Künstlern und U-Künstlerinnen häufig ein weitgehend desillusioniertes Geschäftsgebaren und unter den E-Künstlern und E-Künstlerinnen ein abgründiger Nihilismus, ein antiutopisches Bilderverbot, ein pasticheartiges Übermalen älterer Kunstwerke, eine als »postmodern« ausgegebene inhaltliche Unverbindlichkeit oder gar ein beredtes Schweigen herrscht, müßten deshalb alle, denen es um die Durchsetzung einer zukünftigen A-Kultur geht, in der weder die ins Trivialisierte abgedrängten Dummies, Slapsticktypen oder Horrorfiguren der von allen politisch kontroversen Themen gereinigten Unterhaltungs- bzw. Spaßkultur noch die feinsinnig-leidenden oder sich dünkelhaft-erhebenden Protagonisten und Protagonistinnen der heutigen E-Kultur tonangebend wären, im Hinblick auf das künstlerische Schaffen für die Heraufkunft leitbildlicher Gestalten eintreten, die sowohl in ihrer verantwortungsbewußten »Haltung« als auch mit ihren Vorschlägen zur Lösung der anstehenden politischen, sozioökonomischen, ökologischen und kulturellen Probleme als Vorbilder eines neuen Gemeinsinns gelten könnten.

Die Grundkonstellation einer solchen Kunst sollte demnach – wie bei manchen älteren deutschen Modellen einer sich auflehnenden Kunst, ob nun denen des Sturm und Drang, des Jakobinismus, des Vormärz, des Naturalismus, des Expressionismus, der antifaschistischen Kunst der Weimarer Republik und des Exils sowie einiger Werke der BRD-Literatur – stets der Gegensatz zwischen den an der heutigen Gesellschaft kritisierten Verkehrtheiten und den eine andere, bessere Zukunft versprechenden Zuständen sein. Dabei dürften neben den besagten Leitfiguren einer neuen Avantgarde auch bewußt utopisch zugespitzte Thesen keineswegs fehlen, um in allen dargestellten Konflikten stets die Hoffnung auf die Möglichkeit einer Überwindung der momentan herrschenden Antagonismen aufleuchten zu lassen. Ja, selbst an den in postmodernistischen Kreisen vielgeschmähten Kämpfernaturen sollte es in einer solchen Kunst nicht mangeln, statt alle Heroen oder Heroinen – im Zeitalter einer zynisch herausgestellten »Heldendämmerung« – von vornherein als nichtswürdige »Leithammel« (*Kursbuch* 146, 2001) abzuwerten, die in der Ära der vielbeschworenen »individuellen Selbstrealisierung« längst obsolet geworden seien. Wer jedoch keine didaktischen Absichten mehr hat, das heißt von vornherein auf alle über sein eigenes Ich ins Gesellschaftskritische oder gar hoffnungsvoll Erträumte hinausweisenden Perspektiven verzichtet, wird auch keine bedeutsame Kunst mehr hervorbringen.

5. Eingreifende Formen einer demokratischen Kunst

»Es gibt doch Richtiges im Falschen«
(Berliner Wandspruch).

Ich weiß, all das klingt – trotz der dahinter stehenden materialistischen Erwartungen – im guten wie im schlechten Sinne idealistisch, wenn nicht gar utopistisch. Doch worauf kann man – angesichts der gegenwärtigen Übermacht der systemimmanenten Massenmedien und ihrer manipulierenden Effizienz – seine Hoffnung sonst setzen? Und was wären die Alternativen zu einem solchen Idealismus oder Utopismus: die Hände einfach in den Schoß zu legen, den Kopf in den Sand zu stecken oder sich die allbekannten Scheuklappen anzulegen, wie das in allen Zeiten der Inneren Emigration üblich war?

Und außerdem: gibt es nicht im Hier und Jetzt, wie es im Lager der hartgekochten »Realisten« ständig heißt, auch den »gelebten Augenblick«, den man genießen sollte, ohne dauernd an die entwürdigte Gegenwart oder die bedrohte Zukunft zu denken? Selbstverständlich gibt es ihn! Und wer würde ihn nicht gern mit dem nötigen Gusto beim Schopfe packen? Allerdings wäre es hierbei ratsam, ihn stets im Sinne jener Genüsse zu nutzen, die nicht im ökologischen Sinne »verbraucherisch« sind, das heißt keine energieverschleudernden Apparaturen, gastronomischen Extravaganzen oder touristischen Abenteuerspektakel voraussetzen, sondern die sich aus den glücklichen Momenten der ideologischen Solidarität, der übereinstimmenden Liebe, der Freude an der Natur, der Erweiterung der Bildung, des politischen Einsatzes für gesamtgesellschaftliche Ziele, der Erfüllung in unentfremdeter beruflicher Tätigkeit oder eines tieferen Verständnisses von sinngesättigter, wenn nicht gar wegweisender Kunst ergeben.

Dementsprechend sollte auch eine demokratische A-Kunst der Zukunft vornehmlich Motive aus dem eben angedeuteten Umkreis aufgreifen, statt ihr Publikum ständig im Sinne einer bedürfnissteigernden Erwartungshaltung entweder zu noch anspruchsvolleren oder zu noch trivialeren, daß heißt lediglich der Profit-

Druck und Papier
... und Gott sprach: «Machet euch die Erde untertan!»

19 Anonym: ...und Gott sprach: „Machet euch die Erde untertan" (1983)

maximierung der großen Konzerne dienlichen Konsumgelüsten anzureizen. Im Rahmen solcher Bemühungen müßten neben den ehrwürdigen und ins Erhebende tendierenden Genres der älteren E-Kultur, wie dem Drama, der Oper, dem Roman, dem Gedicht, der Tondichtung, der Symphonie, der Skulptur oder dem Leinwandbild, auch ins Kritische umfunktionierte Popularformen wie das Plakat, die Postkarte à la Klaus Staeck, die Reportage, der Videoclip, das Internet, der Dokumentarfilm, die gereimte Losung oder der Politsong aufgegriffen und auf eine Weise eingesetzt werden, die man vor dreißig Jahren, als die gesellschaftlichen Veränderungshoffnungen noch größer waren, als »eingreifend« (Bertolt Brecht) bezeichnet hat. All jene, die glauben, daß es heutzutage zu solchen Bemühungen bereits zu spät ist und man sich unter der Maxime »Es gibt kein richtiges Leben im Falschen« (Theodor W. Adorno) im Rahmen des allgemeinen Zynismus sowie der ebenso weit verbreiteten Unterhaltungssucht nur noch ins Resignierende, Melancholische oder bestenfalls »Realistische« zurückziehen kann, brauchen an dieser Stelle nicht weiterzulesen, um sich nicht mit irgendwelchen »lästigen«, ihre Status quo-Gesinnung in Frage stellenden Forderungen auseinandersetzen zu müssen. Alle Anderen sollten jedoch einsehen, daß uns nur eine Koalition der Vernunft mit anderen systemkritischen Menschen und Organisationen aus dem gegenwärtigen Stillstand einer gesellschaftsverändernden Dialektik heraushelfen kann. Und zwar dürften diese Menschen, falls ihnen – neben der Reform oder gar Umwandlung der gesellschaftlichen Verhältnisse – auch eine höhergeartete Kultur als erstrebenswertes Ziel erscheint, bei solchen Versuchen keineswegs davor zurückschrecken, eine Kunst zu fordern, die sich – im Sinne einer »Neuen Aufklärung« (Thomas Metscher) – nicht ständig einer materiellen oder psychisch-anheizenden Bedürfnissteigerung, sondern eher dem Gedanken einer maßhaltenden Verbesserung der sozialen und ökologischen Grundbedingungen verschreibt. Schließlich sind materielle und psychische Bedürfnisse nicht über alle Maßen zu erweitern, wenn man nicht – innerhalb einer total depravierten Natur – im Zuge einer unentwegt gesteigerten Wunscherfüllung »letztendlich«, wie es heute bezeichnenderweise gern heißt, im eigenen Müll ersticken will.

Eine solche Kunst müßte demnach den Hauptakzent stets auf jene Impulse legen, mit der sie den Verblendungstaktiken der sich unentwegt überbietenden Reklame mit all ihren bedürfniserweckenden Losungen am wirksamsten entgegentreten könnte, statt mit ihr konkurrieren zu wollen. Und das wären Darstellungen, die in ihrer unmittelbaren Verständlichkeit, ihrer aufklärerisch-argumentierenden Kritik sowie ihren rebellisch-widersetzlichen Zügen alles Industriell-Ankurbelnde meiden und sich statt dessen um eine »Ästhetik des Widerstands« (Peter Weiss) bemühen, welche sich nicht nur an die wohlverdienenden Mitläufer und Mitläuferinnen des gegenwärtigen Systems, sondern auch an den Rest der Bevölkerung wendet und diese zu einem demokratisierenden Veränderungswillen aufzurütteln versucht. Kritik allein, die »leicht ins Nörgelnde degenerieren kann«, um noch einmal Herbert Marcuse zu zitieren, wäre also bei der Herausbildung einer wahrhaft demokratischen A-Kultur nicht genug. Eine solche »Ästhetik des Widerstands« müßte zugleich eine utopische Alternative zu den von ihr angegriffenen Zuständen aufzeigen, um derentwillen es sich kulturpolitisch lohnen würde, sowohl der heute herrschenden Unterhaltungsindustrie mit all ihren kulturverramschenden Tendenzen als auch gewissen Überspanntheiten innerhalb mancher postmodernistischen E-Künste endlich Paroli zu bieten.

6. Der nötige »Optimismus des Willens«

>»Der höchste Maßstab unseres Denkens und Handelns
>sollte stets die Wirklichkeit des Möglichen sein«
>(Wolfgang Heise).

Die ideologische »Haltung« hinter einer solchen Kunst müßte daher – trotz aller Einsicht in die weiterwirkende Überzeugungskraft der ihr entgegenstehenden politischen und wirtschaftlichen Mächte – stets von einem »Optimismus des Willens« (Antonio Gramsci) ausgehen, der trotz des gegenwärtig weit verbreiteten »Pessimismus des Verstandes« weiterhin an der aufklärerischen Überzeugung festhalten würde, daß eine raisonnierende Kritik sowie eine erzieherische Absicht von Seiten intellektueller Widergänger und Widergängerinnen keineswegs »hoffnungslose Bemühungen« (Jürgen Habermas) zu sein brauchten. Schließlich sind nicht alle denkerischen Bestrebungen, hinter denen ein wahrhaft avantgardistischer Geist steht, von vornherein »unrealistisch«, wie uns die Politik- und Kulturgeschichte der letzten 250 Jahre zur Genüge lehrt. Freilich hat es bei solchen Konfrontationen immer wieder Rückschläge auf den höchst windungsreichen Wegen zu einer vertiefteren Humanität gegeben. Doch das spricht weniger gegen das angestrebte Ziel als gegen die mangelnde Solidarität oder den ungenügenden Einsatzwillen der jeweiligen Avantgardebewegungen. Man bedenke: wer würde schon beim Besteigen hoher Berge abstürzen, wenn er von vornherein verzichten würde, sich überhaupt an steile Felswände heranzuwagen? Und außerdem: war Sisyphos nur darum zum Scheitern verurteilt, weil auf ihm irgendein unsinniger Fluch lastete oder weil er sich nicht nach Hilfe umsah? Mit gleichgesinnten Genossen hätte er vielleicht jeden noch so schweren Felsbrocken die steile Bergwand hinaufwälzen können.

Jede »eingreifende« Kunst der Zukunft sollte demnach nicht das Werk Einzelner sein, die sich vor einer neugierig gaffenden Menge als erfolgsgierige oder auch tragisch scheiternde »Stars« auszuzeichnen versuchen, sondern von gesamtgesellschaftlichen Impulsen ausgehen. Genau betrachtet, müßte sie von vielen Menschen für die Aufklärung aller Menschen geschaffen werden und zugleich Handlungsanleitungen enthalten, wie ein Leben in einer anderen, besseren Gesellschaft zu erreichen sei. Hat nicht Kunst nur dann einen Sinn, wenn sie uns in dem Verlangen bestärken würde, eines »schönen Tages« in einer »konkreten Utopie« (Ernst Bloch) leben zu können, wie es in hoffnungsvolleren Tagen einmal hieß? Wäre sie nicht sonst nur »eine schöne oder auch nicht so schöne Nebensache« (Heinrich Heine)? Oder noch theoriebewußter ausgedrückt: Müßte nicht die Beschäftigung mit Kunst endlich die Gefilde einer primär im Bereich des Spekulativen verhafteten Transversal- oder Transgressionsästhetik (Wolfgang Welsch) verlassen und statt dessen zu einer »Kritik der gesellschaftlichen Urteilskraft« (Pierre Bourdieu) werden, die auch den politischen und vor allem den sozioökonomischen und ökologischen Faktoren eine größere Beachtung schenkte? Wäre sie nicht erst dann eine wahrhaft »operative« Ästhetik?

7. Kunst wird wieder konkret

> »If you remain marginalized, there's not
> going to be much history to worry about«
> (Noam Chomsky).

Dementsprechend müßte eine gesamtgesellschaftlich ausgerichtete Kunst so »konkret« wie nur möglich vorgehen. Abstraktes, Verschmocktes, Abseitiges, Blasiertes, Abgehobenes, Bizarres, Groteskes, Spielerisches, Theoretisch-Verklausuliertes und Zynisches haben wir in der elitären E-Kunst der jüngsten Vergangenheit wahrlich genug gehabt. Und auch manche, wenn nicht gar viele akademische und journalistische Theorien über diese Formen der Kunst waren in den letzten zwei bis drei Jahrzehnten ebenso abstrakt, verschmockt, abseitig, blasiert, abgehoben, bizarr, grotesk, spielerisch, theoretisch-verklausuliert und zynisch, ja vielleicht sogar noch randständiger als jene Kunst, die mit dem Anspruch des Modernistisch-Extravaganten oder der postmodernen Pluralität auftrat. Irgendwelche im positiven Sinne »demokratisierende« Wirkungen haben daher weder solche Kunstarten noch solche Theorien gehabt. Im Gegenteil, sie haben es durch ihren gesellschaftsabgewandten Blick den ohnehin Mächtigen nur noch leichter gemacht, ihre ideologische und profitorientierte Vormachtstellung im Rahmen des herrschenden Kulturbetriebs immer weiter auszubauen.

Aus diesem Grunde sollten sich alle entschiedenen Demokraten unter den heutigen Künstlern und Künstlerinnen wie auch den gegenwärtigen Kunsttheoretikern und -theoretikerinnen, denen es wirklich ernst in ihrem Bemühen um eine gesellschaftsverbessernde oder gar gesellschaftsverändernde Kunst ist, lieber an populistisch orientierten Widerstandsgruppen, Kleinparteien oder Aktivistengruppen wie Amnesty International, Greenpeace, den Nature Conservancy-Gruppen, dem Bund für Umwelt- und Naturschutz, den Parteien der Grünen, der Friedensbewegung, den linken Gewerkschaften, den kritischen Bürgerinitiativen, den Globalisierungsgegnern, der Attac-Bewegung und ähnlichen Organisationen orientieren, statt weiterhin in eigensinniger Abseitigkeit die e-kulturellen Status-Bedürfnisse gewisser akademisch-privilegierter Schichten befriedigen zu wollen. Erst eine solche Haltung würde ihnen die nötige Glaubwürdigkeit verleihen, eine im besten Sinne »realistische« Kunst zu propagieren oder zu schaffen, welche die veränderungswilligen Schichten der Bevölkerung – vor allem in Zeiten womöglich heraufziehender sozioökonomischer oder ökologischer Krisen – als politisch relevant empfinden könnten, weil sie darin eine Stellvertretung ihrer eigenen, wenn auch zumeist unbewußten oder unterdrückten gesellschaftlichen Wunschvorstellungen wiederfinden würden. Solche Aktivistengruppen sollten sich daher nicht beirren lassen, wegen ihrer progressionsbetonten Anschauungen von den längst Resignierten oder Modisch-Blasierten unter den gegenwärtigen Kunsttheoretikern und -theoretikerinnen als »plump«, »präskriptiv« oder »utopistisch« hingestellt zu werden. Denn in diffamierenden Adjektiven dieser Art äußert sich häufig nur das schlechte Gewissen derer, die an sich über die gleichen Einsichten verfügen, aber diese aus opportunistischen oder bequemlichkeitsorientierten Gründen immer wieder zu verdrängen suchen.

8. Gegen die herrschende Antinomie von Job und Freizeit

»I can't get no satisfaction«
(Rolling Stones).

Um all das erreichen zu können, bedürfte es jedoch nicht nur einer an solchen Zielen orientierten Kunst, sondern auch einer an solchen Zielen orientierten Lebenseinstellung. Eine der wichtigsten Voraussetzungen dazu wäre das Bemühen, erneut über jene zentrale, aber immer weniger diskutierte »Entfremdung« nachzudenken, die früher einmal unter Hegelianern und Marxisten ein Hauptpunkt aller Gesellschaftskritik war. Schließlich hat sich an dem von ihnen kritisierten Zustand der entfremdenden Auswirkungen der kapitalistischen Arbeitsteilung bis heute wenig geändert. Anstatt für ein sinnvolles Ganzes zu arbeiten, in dem das Persönliche und das Kollektive eine untrennbare Synthese eingehen, sehen sich die meisten Arbeitnehmer und -nehmerinnen auch heute noch immer Situationen gegenüber, in denen sie weder eine individuelle noch eine überindividuelle Gratifikation erfahren. Eingesperrt in eine »bürokratisch-verwaltete Welt« (Max Weber), empfinden sie ihr Tätigsein lediglich als ein notwendiges Übel, das ihnen zwar die erforderliche finanzielle Voraussetzung für ihre materielle Existenz verschafft, sie aber geistig und seelisch unbefriedigt läßt. Demzufolge ist für viele

Menschen in ihrem Alltagsleben eine immer krassere Trennung von Job und Freizeit eingetreten, die kaum noch aufeinander bezogen sind.

Und dieses Auseinanderklaffen hat weitreichende Konsequenzen. Durch eine derart strikte Zweiteilung wird nämlich nicht nur die Arbeit, sondern auch die Freizeit mehr und mehr entwertet. Statt in der arbeitsfreien Zeit eine Möglichkeit zu kulturell vermittelten Bewußtseinserweiterungen, humanisierenden Liebesbeziehungen, künstlerischen Aktivitäten oder gesellschaftlichen Organisationsbemühungen zu sehen, wird sie von vielen Menschen – aufgrund der sie unbefriedigenden Arbeitsverhältnisse und der daraus resultierenden Suchtbedürfnisse – fast ausschließlich im Hinblick auf Sport, Tourismus, Restaurantgeselligkeit, Hobbies, passive Mediennutzung oder, wenn's hochkommt, willkürlich gehandhabte Sexualität genutzt. Was dadurch zusehends in den Vordergrund rückt, ist der Unterhaltungs- oder Spaßwert fast aller Freizeittätigkeiten, der seine höchste Steigerung im Shopping (»I shop, therefore I am«), in gesteigerter Herumfahrerei sowie im lustvollen Konsum aller erreichbaren Warenhausobjekte oder gar menschlichen Leiber erlebt.

Die Grundessenz dieser Ideologie ließe sich demnach am besten mit dem bewußt paradoxen Begriff »positive Entfremdung« charakterisieren. Denn durch diesen »Fun Approach«, wie ihn einige US-amerikanische Soziologen nennen, wird all das, was bisher als Entfremdung, nämlich als negative Verhinderung eigenschöpferischen Lebens angesehen wurde, weitgehend ins angeblich Spaßerzeugende verkehrt. In dieser Form eines ins Freizeitliche transponierten »pursuit of happiness« triumphiert letztlich ein scheinhaftes Glücksversprechen, das in gesellschaftlicher Anonymität, Zurückstufung höherer Kultur, sinnentleerter Betriebsamkeit und vorübergehender Bedürfniserfüllung sogenannte »echte Werte« erblickt. Was eigentlich eine Folge der indirekten Lenkung im Rahmen der massenmedialen Social engineering-Taktiken ist, wird somit höchst geschickt in eine liberale »Freiheit der Wahl« umgelogen. Oder um es noch konkreter zu sagen: mit der Propagierung einer eventbetonten Nutzung der gegenwärtigen Einkauf-, Tourismus-, Sex- und

Medienwelt versuchen die konzerngesteuerten Reklamen den egoistisch lustsuchenden Einzelnen weiszumachen, in der »befreiten« Welt der Moderne oder Postmoderne nur noch ihrer persönlichen Selbstrealisierung zu leben, während sie in Wirklichkeit auch hier, wie in der entfremdeten Arbeitswelt, einer pausenlosen Gängelei – in diesem Fall der verschiedenen Freizeitindustrien – unterworfen sind. Kurzum: gerade auf diesem Gebiet sollen die heutigen Konsumenten und Konsumentinnen – wie in einer geschickt vorgespiegelten Mahagonny- oder Las Vegas-Welt – ihr falsches Bewußtsein als erfüllte Utopie empfinden.

Eine solche Freizeitideologie, vor allem wenn sie bis zu ihren letzten Konsequenzen getrieben wird, ist damit – unter ideologiekritischer Perspektive gesehen – ebenso fadenscheinig wie jene in der kommerziellen Arbeitswelt forcierte Leistungsideologie, die dem entfremdeten Job lediglich einen von der Profitlichkeit der hergestellten oder verkauften Objekte abhängigen Sinn zu geben versucht. Denn durch die weitgehende Trennung von Arbeit und Freizeit, von Leistung und Konsum, von Job und Vergnügen wird nicht nur das freizeitliche Genießen, sondern auch die berufliche Arbeit bis zur Depravierung entwertet. Im Rahmen solcher Verhältnisse empfinden die meisten Menschen ihre Arbeit zwangsläufig als ein notwendiges Übel sowie ihr Genußerleben, auch das ästhetische, ebenso zwangsläufig als eine vorübergehende Betäubung oder bloße »Zeitvertreibung« (Günther Anders). Wenn nämlich Arbeit keinen Genuß mehr bietet, kann auch Freizeit keinen wirklichen Genuß mehr bieten. Unter solchen Bedingungen verwandelt sich selbst die sehnsüchtig herbeigesehnte Muße zu einer Zeit »außengelenkter« Bedürfnisbefriedigung (David Riesman), welche eine hektisch angekurbelte Verbrauchsgier im Gefolge hat, die – je nach der finanziellen Potenz der einzelnen Konsumenten und Konsumentinnen – vornehmlich die Kassen der marktwirtschaftlichen Freizeitindustrie füllt.

Und damit stehen wir – im Rahmen solcher Gedankengänge – erneut vor einer ideologischen Entscheidungsfrage. Eine Kritik an dieser Polarisierung müßte sinnvollerweise von der Erkenntnis ausgehen, daß weder die berufliche Leistung noch der freizeitliche

Genuß einen Wert in sich selber haben, solange sie sich innerhalb einer marktwirtschaftlichen Verbrauchsgesellschaft als unüberbrückbare Antinomien gegenüber stehen. In einem solchen System, mag es auch noch so »libertär« erscheinen, verpufft jedwede Leistung zwangsläufig im Ausbeutbaren und jedwede Freizeit größtenteils in oberflächlicher Betriebsamkeit. Wer also systemimmanent einerseits gegen die kapitalistische Leistungserwartung sowie andererseits gegen die kapitalistische Freizeitideologie opponiert, ohne diese beiden Phänomene dialektisch aufeinander zu beziehen, wird sich immer wieder in die gleichen unaufhebbaren Widersprüche verstricken. Schließlich führt jede privategoistische Aneignung der gesellschaftlich hergestellten Produkte, wie Karl Marx schon in seinen frühen, noch in Paris geschriebenen *Ökonomisch-Philosophischen Manuskripten* konstatierte, notwendigerweise zu der früher oft angeprangerten Entfremdung, die man nicht im Gefolge der herrschenden Konzernideologien ins »Positive« umlügen sollte.

Eine Freude an der eigenen Leistung setzt demzufolge stets eine Sinngebung der Arbeit, eine Sinngebung der Arbeit stets eine Sinngebung der Gesamtgesellschaft und eine Sinngebung der Gesamtgesellschaft stets ein altruistisches Miteinander aller Menschen, das heißt ein radikaldemokratisches Staatsgebilde voraus. Und unter derselben Perspektive müßte man auch die in der freien Zeit erlebten Freuden betrachten, um nicht von vornherein in den Bereich des Solipsistischen abzugleiten. Job und Freizeit, Arbeit und Konsum bzw. Staat und Individualität wurden daher in den siebziger Jahren, als solche Debatten wieder neu auflebten, von den westdeutschen Opponenten der marktwirtschaftlichen Ideologie – im Gefolge von Wolfgang Abendroth, Hans Heinz Holz, Wolfgang Fritz Haug, Alexander Kluge, Reinhard Kühnl, Thomas Metscher, Oskar Negt und Elmar Treptow – nie als Phänomene hingestellt, die sich separat behandeln lassen. Nur, wer ihre innere Dialektik erkenne, hieß es in ihren Schriften immer wieder, sei auch befähigt, ja geradezu herausgefordert, an ihrer wechselseitigen Aufhebung oder Überwindung mitzuwirken.

9. Das neue Künstlerbild

»In einer auf dem Gemeinwohl beruhenden
Gesellschaft sollte allen Menschen die Chance gegeben
werden, sich zu Künstlern zu entwickeln«
(Richard Hamann).

Wichtige Leitfiguren auf dem Wege zu einer solchen Gesellschaft, in der Job und Freizeit keine unaufhebbare Antinomie mehr bilden, könnten im Rahmen derartiger Anschauungen unter anderem jene Kunstschaffenden werden, die sich schon heute weder als kommerziell-gewiefte Beschäftigte innerhalb der Entertainmentindustrie noch als von der Gesellschaft verkannte Genies, sondern als sozialverpflichtete Produzenten und Produzentinnen verstehen. Damit sind vor allem jene künstlerisch begabten Menschen gemeint, denen es nichts ausmacht, auf jedes ichbezogene Prestigedenken zu verzichten und ihre schöpferische Lust vornehmlich in den Dienst der Allgemeinheit zu stellen. Die Besten unter ihnen würden am liebsten bereits unter den gegenwärtigen Marktbedingungen bei ihren Büchern, Bildkunstwerken oder Kompositionen sogar auf die Nennung ihres Namens verzichten, um sich nicht vor aller Welt als vordergründig narzißtische Egoisten oder Egoistinnen bloßzustellen, die in erster Linie an irgendwelchen »Erfolgserlebnissen« interessiert sind.

Im Sinne dieses Leitbildes könnte man – unter veränderten sozioökonomischen Voraussetzungen – vielleicht »eines schönen Tages« erwarten, wie es in vielen älteren Utopien heißt, daß sich sämtliche Menschen bemühen würden, Künstler oder Künstlerinnen auf ihrem jeweiligen Gebiet zu werden. Schließlich läßt sich fast allen Produkten, wenn man ein verantwortungsbewußtes Telos im Auge hat, der Charakter des ästhetisch Perfektionierten und zugleich gesamtgesellschaftlich Nützlichen geben. Eine solche Haltung setzt jedoch eine Leistungsmoral hinaus, bei der an die Stelle des herkömmlichen »Personenkults« eine von allen Bürgern und Bürgerinnen eines bestimmten Staates unterstützte »Sachkultur« (Richard Hamann) treten würde, der als ideologisches Grundprinzip ein subjektiver Kollektivismus oder ein kollektiver Individualismus zugrunde liegt. Erst in der Kultur einer solchen Gesellschaft könnte an die Stelle marktwirtschaftlicher Slogans wie »Jeder gegen jeden« oder »Dog eats dog« endlich eine sozialbetonte Maxime wie »Alle für alle« treten. Welch eine Vision: wenn es in einer solchen Zukunft plötzlich im Bereich einer in alle Gebiete des sozialen Lebens erweiterten Kunst eine Fülle aktiver Bauhütten, Dichterbünde, Künstlerkolonien, Komponistenkollektive oder virtueller Internetgemeinschaften gäbe, deren Mitglieder sich im Sinne einer neuen »Égalité« oder gar »Fraternité« – jenseits aller Profitinteressen – wechselseitig zu immer neuen Ideen und den dazu passenden Formkonzepten anfeuern würden. Vielleicht werden die Bürger und Bürgerinnen einer solchen Gesellschaft dann sagen können: wie trostlos waren jene Zeiten, als man sich selbst im Bereich der Künste entweder mit irgendwelchen bizarren, noch aus dem älteren Besitzdenken abgeleiteten Prioritätsvorstellungen übertrumpfen wollte oder sich bestenfalls – aufgrund eines lebenslangen, wenn auch immer wieder scheiternden Engagements für mehr soziale Gerechtigkeit – als Streiter auf »verlorenem Posten« (Heinrich Heine) fühlte. Allerdings setzt eine derart allumfassende Freude an einer sozialbezogenen künstlerischen Kreativität erst einmal die Schaffung einer ins Konkurrenzlose humanisierten Gesellschaftsordnung voraus, bei der Arbeit zugleich Genuß und Genuß zugleich Arbeit wäre. Nur dann würde die Negativität der »positiven Entfremdung« einem Zustand weichen, bei dem es nicht mehr das »Ich und die Anderen«, sondern nur noch das »Ich im Wir« gäbe.

10. Der Genuß der produktiven Tätigkeit

»Seid realistisch, verlangt das Mögliche, aber als unmöglich Geltende«
(Wiederauflebender Slogan der Alternativbewegung der siebziger Jahre).

Ein solches Konzept klingt zwar sehr hochgestochen, in manchen Ohren vielleicht sogar illusorisch, könnte jedoch – falls sich nach dem

Ausbruch bereits vorhersehbarer sozioökonomischer oder ökologischer Krisen ein demokratisch herbeigeführter Konsens für eine ins Kommunitaristische zielende Gesellschaftsordnung ermöglichen ließe – durchaus konkret durchgeführt werden. Der oberste Wert müßte dabei stets der Leistungsbeitrag des Einzelnen zur Gesamtgesellschaft sein, der unmittelbar auf die materiellen und kulturellen Bedürfnisse der jeweiligen Staatsbürger und -bürgerinnen zugeschnitten ist. An sich werden mit dieser Forderung keine übersteigerten oder gar falschen Tugenden verlangt, zu denen nur eine »neue« oder »andersgeartete« Menschheit fähig wäre. Derartig überspannte Erwartungen, wie sie etwa in Teilen der von anarcho-syndikalistischen oder messianischen Ideen beeinflußten expressionistischen Literatur von 1918 bis 1922/23 gang und gäbe waren, was schon Georg Lukács kritisierte, sind stets unsinnig. Im Gegenteil, die primären Ziele einer solchen Sachkultur müßten stets realistisch konkretisierbar bleiben, das heißt von Leitvorstellungen wie der sozialen Gerechtigkeit, dem schonenden Umgang mit den natürlichen Rohstoffen sowie dem Genuß am gesamtgesellschaftlichen Charakter der zu leistenden Arbeit ausgehen.

Wer also bei der Aufhebung jener »Entfremdung«, die auf einer falschen, ja geradezu fatalen Trennung in Arbeit und Freizeit beruht, irgendwelche Fortschritte machen will, wird weder auf die Utopie der »Freien Assoziation der freien Produzenten« (Karl Marx) noch auf die Utopie des »Künstlers als Produzenten« (Walter Benjamin) verzichten können. Denn nur auf der Grundlage einer Gesellschaft, die keinen Gegensatz zwischen Genuß und Leistung mehr kennt, weil in ihr jeder aus freiem Entschluß sowohl für sich selber als auch für die Gesamtheit aller Menschen arbeitet, ließe sich jene in vielen Utopien erträumte, aber nie realisierte »Bewohnbarmachung der Erde« (Bertolt Brecht) ermöglichen, durch die es nicht nur zu neuen Formen der Produktivität, sondern auch zu neuen künstlerischen Komponenten innerhalb dieser Produktivität kommen könnte. Bloß egoistisch zu produzieren und ebenso egoistisch zu konsumieren, das heißt weiterhin im Zustand entfremdeter Arbeit und entfremdeter Freizeit zu verharren, würde uns diesem Ziel keinen Schritt näher bringen. Das dürfte im Laufe der letzten zwei Jahrhunderte, in denen die Hoffnung auf mehr Freizeit zu einer »lächerlichen Pensionistenidee« (Bertolt Brecht) verkommen ist und auch die Arbeit im Rahmen einer »bürokratisch-mechanisierten Welt« (Max Weber) für viele Menschen ihren sinnstiftenden Charakter verloren hat, nur allzu deutlich geworden sein.

Wenn also im Prozeß der Güterherstellung weiterhin vornehmlich Kriterien wie geplante Obsolenz, geringe Haltbarkeit, schneller Verschleiß und damit rapide Akkumulation des Kapitals den Ausschlag gäben, würde sowohl die Geringschätzung der Arbeit als eines bloßen Jobs als auch die Geringschätzung des zum täglichen Gebrauch Geschaffenen nur noch eklatanter werden. Dingen, die mit größerer Behutsamkeit, kollektiver Verantwortlichkeit und Freude an der ästhetisch gelungenen Form geschaffen sind, würden dagegen viele Menschen wahrscheinlich eher das ihnen gebührende ästhetische Fingerspitzengefühl sowie die daraus resultierende Schonung entgegenbringen als allen nur um ihres Cash Value produzierten Konsumgütern. Für künstlerisch entworfene Objekte, die von Gleichgesinnten hergestellt wären, hätten diese Menschen möglicherweise jene bereits von William Morris und der Arts und Crafts Movement geforderte Achtung, statt sie unachtsam zu behandeln oder gar nach dem unmittelbaren Gebrauch einfach wegzuwerfen. Jede Form der Produktivität, ob nun industrieller oder handwerklicher Art, sollte daher in einer idealeren Gesellschaft stets an dem Maßstab gemessen werden, ob sie bloß auf einen unachtsamen Verbrauch und damit auf eine profiteinträgliche Beschleunigung der industriellen Zuwachsrate oder ob sie auf Schönheit, Wertschätzung und zugleich Haltbarkeit der einzelnen Produkte hinzielt. Denn nur dann, wenn man auch »Teller, Lampen, Stühle, Bücher usw.«, wie es in Bertolt Brechts *Arbeitsjournal* heißt, mit dem gleichen Respekt behandelte, den die mit Besitz und Bildung Ausgestatteten heute lediglich besonders wertvollen Kunstwerken entgegenbringen, würde sowohl die Herstellung als auch der Gebrauch solcher Gegenstände »Genuß« bereiten. Der gleiche Genuß könnte sich einstellen, wenn sich mehr und mehr Menschen an der respektvollen Sanierung alter Stadtteile oder der Anlage neuer Gärten und Parks beteiligten, um so den verhäßlichenden Tendenzen der fortschreitenden Technisierung mit der revolutionären Kraft eines kommunitaristischen Schönheitsbedürfnisses entgegenzutreten. Und mit dieser im Prozeß des gesamtgesellschaftlichen Handelns erfahrenen Freude ließe sich, um vollends in den Bereich utopischer Spekulationen vorzustoßen, vielleicht sogar jene unheilvolle Antinomie zwischen Job und Freizeit, an der viele Menschen in ihren durch die kapitalistische Produktionsweise entfremdeten Berufen weiterhin kranken, schrittweise vermindern oder »eines schönen Tages« gänzlich aufheben.

11. Die Wendung ins Kommunitaristische

Doch die Freude an einer solchen Form des Schaffens, die dem künstlerischen gleichkäme, wird sich, wie gesagt, wohl erst dann einstellen, wenn sich die menschliche Produktion in einem gesellschaftlich und ökologisch sinnvolleren Rahmen abspielen würde als dem gegenwärtigen. Nur unter Bedingungen, die jedem Menschen eine konkrete, das heißt politisch und ökonomisch mitbestimmende Teilhabe am allgemeinen Produktionsprozeß garantierten, könnte ein gesteigertes Verantwortungsgefühl und damit ein von allen Menschen bejahter »Kommunitarismus« (Seyla Benhabib) entstehen, dessen oberste Ziele eine sich unter sozial gerechteren Voraussetzungen vollziehende »Humanisierung« aller zwischenmenschlichen Beziehungen sowie ein auf dem Prinzip der »Nachhaltigkeit« beruhendes Verhältnis der in einer bestimmten Region wohnenden Bevölkerung zu ihrer natürlichen Mitwelt sein sollten. Erst dann würde die Genugtuung an der künstlerisch gelungenen Form sämtlicher für den täglichen Gebrauch gedachten Gegenstände nicht nur einen Stolz auf das gemeinschaftlich Geschaffene, sondern auch einen Sinn für eine größere Haltbarkeit im Dienste Aller und damit ein gesteigertes ökologisches Bewußtsein widerspiegeln. Falls dagegen jeder weiterhin den narzißtischen Genuß seiner eigenen Ichheit anstrebt, werden wir nach wie vor beim schäbigen Status quo der von den großen Konzernen eingeplanten

Obsolenz und somit der gegenwärtigen Wegschmeißkultur bleiben – und dadurch die Unwohnlichkeit, weil Verdreckung und Verseuchung der Erde nur noch vergrößern. Mit anderen Worten: einer derart anvisierten Anti-Narziß-Gesinnung müßte ein sozialbezogenes Ethos vorhergehen, das weniger den durch den jeweiligen Job ermöglichten konsumistischen Lebensstandard als den genossenschaftlich-kreativen sowie pfleglich-bewahrenden Beitrag des Einzelnen zur Gesamtgesellschaft zum obersten Gradmesser eines menschenwürdigen Verhaltens erhebt.

Es würde daher nicht genügen, in unserer heutigen Konkurrenzgesellschaft, in welcher fast jeder Erfolg des Einen auf der Niederlage oder Zurückstellung des Anderen beruht, mit abstrakt bleibenden Formulierungen an mehr »Gemeinsinn« (Herfried Münkler) oder den Willen zu »demokratischer Askese« (Carl Friedrich von Weizsäcker) zu appellieren. Das mag in einigen Fällen durchaus wohlgemeint sein, wird aber als Forderung immer wieder an jene kaum zu überwindende Schranke stoßen, daß sich in einer pluralistischen und damit plutokratischen Demokratie eine »substanzialistische Definition des gemeinsamen Wohls« (Stephan Schleissing) von vornherein als unmöglich erweist. Man kann nun einmal das neoliberalistische Eigeninteresse im Rahmen der heutigen »Risikogesellschaft« (Ulrich Beck) nicht in ein den Gemeinsinn unterstützendes Prinzip verwandeln. Das einzige Regulativ in dieser Form der Gesellschaft, das es heute noch gibt, ist eine »Sparkassentheorie«, die keinerlei »solidarische« Züge aufweist, sondern weitgehend als »Versicherung« verstanden wird, aus der die einzelnen Staatsbürger und -bürgerinnen möglichst die gleiche Summe wieder herausbekommen wollen, die sie in sie eingezahlt haben (Birger P. Priddat). Darüber täuschen auch Begriffe wie »Verfassungspatriotismus« (Jürgen Habermas), »Zivilgesellschaft« (Karl R. Popper) oder jener Paragraph 14,2 des bundesrepublikanischen Grundgesetzes nicht hinweg, nach dem »Eigentum verpflichtet« und sein »Gebrauch zugleich dem Wohl der Allgemeinheit dienen« soll.

Wem es im Hinblick auf den jeweiligen Staat oder die jeweilige Gesellschaft wirklich um das »bonum commune« geht, sollte deshalb

20　Klaus Staeck: Plakat (1973)

seine Erwartungen ruhig etwas »eingreifender« definieren. Schließlich haben sich im Rahmen unserer Gesellschaftsform alle das sogenannte Gemeinwohl betonenden Konzepte immer wieder als brüchig oder zumindest korrumpierbar erwiesen. Das beweist jeder noch so flüchtige Blick in den Wirtschaftsteil der großen Zeitungen, wo einerseits ständig von Aufsehen erregenden Bankrotts, Steuerflüchtlingen, Mobbing-Affären, feindlichen Übernahmen, Aktienbetrügereien oder ins Astronomische ansteigenden Gehältern für die führenden Industrie- und Bankenbosse die Rede ist, während andererseits genauso häufig auf die Verlagerung von Firmen in die Dritte Welt, die miserabel bezahlten Teilzeitarbeiter und -arbeiterinnen, die vielen Arbeitslosen sowie die immer machtloser werdenden Gewerkschaften hingewiesen wird. Wer also wirklich Termini wie »Demokratie« und »Gemeinwohl« einen konkreten Sinn geben will, müßte sich von solchen vielerorts akzeptierten, ja bereits als »normal« empfundenen Praktiken schärfstens absetzen – und auf sämtlichen Ebenen des gesellschaftlichen Lebens eine Wendung ins Kommunitaristische unterstützen, um so eine »Haltung« zu befördern, welche der Wohlfahrt *aller* Menschen zugute käme. Und zu den Grundlagen einer solchen Haltung gehörten – neben einigen weiterhin auf die Umgestaltung der Eigentumsverhältnisse pochenden Stimmen – auch jene im Rahmen der weltweiten Antiglobalisierungskampagnen propagierten linksdemokratischen und ökosozialistischen Anschauungen, für die sich jüngst unter anderem Autoren und Autorinnen wie Julia Kristeva, Ernesto Laclau, Chantal Mouffe, Gayatri Spivak, Isabelle Stengers, Michael Taussig und Christos Tsiolkas in dem vom Mary Zournazi herausgegebenen Sammelband *Hope. New Philosophies of Change* ausgesprochen haben, den Slavoj Žižek »after decades of the cynical apology of the existing order, accompanied by postmodern melancholy and irony« als einen »courageous ethical act« bezeichnet hat. Statt sich mit zwar kritischen, aber letztlich »integrationistischen« Gesellsschaftskonzepten zu begnügen, wurde hier – wie bei Noam Chomsky – eine »Radikalisierung der Demokratie« (Chantal Mouffe) anvisiert, die sich aller Mittel der »sozialen Phantasie« (Ernesto Laclau) bedienen solle, um endlich über jene liberalen, ja selbst linksliberalen Reformbestrebungen hinauszukommen, denen als illusorisches Ziel immer noch ein »Kapitalismus ohne monopolkapitalistische Entartungen« vorschwebe.

12. Die Rolle der Kunst innerhalb der anvisierten A-Kultur

> »Die Kunst ist nicht nur für einen kleinen
> abgeschlossenen Kreis weniger vorzugsweise Gebildeter,
> sondern für die Nation im großen und ganzen da«
> (Georg Wilhelm Friedrich Hegel).

In den vorangegangenen Abschnitten ist vor allem von den politischen und sozioökonomischen Rahmenbedingungen einer möglichen A- oder Allgemeinkultur und ihren Auswirkungen auf eine bessere Lebens-, Alltags- und Design-Kultur die Rede gewesen. Doch welche spezifische Rolle könnten in einer solchen Kultur eigentlich jene ästhetischen Ausdrucksformen spielen, die bisher als »Kunst« im engeren Sinne des Wortes bezeichnet wurden? Daß es in einer derartigen Gesellschaft, die hier – wegen der weiterwirkenden Übermacht der kapitalkräftigen Kulturindustrie – nur als utopisches Korrektiv anvisiert werden konnte, keine Zweiteilung in eine vornehmlich von kommerziellen Profitinteressen gesteuerte U-Kunst sowie eine randständige E-Kunst mehr geben sollte, dürfte klar geworden sein. Mit der Beseitigung der teils selbstsüchtigen, teils konkurrenzbedingten Gewinngier sowie der Eliminierung der elitären Sonderbedürfnisse einer akademischen Bildungselite dürften sich in einer solchen Gesellschaft derartige Kunstformen hoffentlich von selbst erübrigen. In der ästhetischen Theorie und Praxis einer zukünftigen Demokratie wird zwar das unterhaltende wie auch das denkerische Interesse an Kunst sicher weiterbestehen, aber notwendigerweise andere Formen annehmen. Indem die Kunst von den Gesetzen des kulturindustriellen Supermarktes und damit den branchenspezifischen Prinzipien von Angebot und Nachfrage entbunden würde, brauchte sie im Rahmen einer solchen Gesellschaft nicht mehr mit allen Mitteln einer sich anbiedernden Reklame nach trivialer oder exquisiter Verkäuflichkeit streben, sondern könnte sich erstmals um die Darstellung der positiven Aspekte des Aufbaus einer wahrhaft demokratischen Gesellschaft sowie der Entfaltung und Ausdifferenzierung aller dadurch ermöglichten menschlichen Fähigkeiten bemühen.

All dies ist nicht im Sinne einer idealistischen Schönfärberei gemeint. Zugegeben, die mögliche Kunst einer sozial gerechteren und naturverträglicheren Zukunft sollte auch Bilder einer »heilen Welt« in Form einer bisher nur visionär erträumten »Heimat« entwerfen (Ernst Bloch), sich aber dabei nicht allein von den althergebrachten, bis auf die Antike oder das Christentum zurückgehenden Kategorien des »Guten, Wahren und Schönen« leiten lassen. Schließlich werden in einer befreiten, das heißt nicht mehr von Kommerz- oder Eitelkeitsinteressen überformten Kunst, neben den beglückenden und unterhaltsamen Momenten auch die ans Widersprüchliche, wenn nicht gar »Tragische« grenzenden Züge der unterschiedlichen menschlichen Subjektivitätsmerkmale (Thomas Metscher) stärker in den Vordergrund treten als je zuvor. Ja, in ihr würde vielleicht erstmals jene bisher kaum geahnte, volle Breite der im Schoße der menschlichen Natur schlummernden Anlagen und Talente, die heutzutage noch von vielen kommerziell-verflachenden, romantisch-verkitschten oder elitär-randständigen Klischees verdeckt wird, ins Gesichtsfeld der Öffentlichkeit geraten.

Was in einer solchen Kunst verschwände, wären also 1. die vornehmlich von Profitinteressen gelenkten Kunstformen, das heißt die albernen Beziehungskomödien, die Slapstick-Effekte, die Horrorszenarien, die Tarzans der Star Wars, die sentimentalen Seifenopern, das Geplärre der am laufenden Band hergestellten Pop- und Rockmusik, die der kommerziellen Reklame angenäherten sogenannten Kunstposters sowie der kindische oder auch obszöne Nippes-Kram vieler postmoderner Objekte, 2. die sich in häßlichen, rotzigen, dreckigen, ja bewußt abstoßenden Formen gefallende Pseudo-Kunst einer angeblichen Protesthaltung, welche in ihrer destruktiven und niederdrückenden Art die Hoffnung auf eine Verbesserung der herrschenden Zustände eher verhindert als befördert, sowie 3. die randständige E-Kunst des Willkürlich-Subjektiven, Spielerischen, Gegenstandslosen, Marginalisierten, Melancholischen, Eskapistischen, Spekulativ-Verklausulierten und damit im weitesten Sinne Ungesellschaftlichen. Kurzum: was dadurch in den Hintergrund träte, wären die billigen Formen der kommerzialisierten Abendunterhaltung, die ins Pseudo-Schockartige verkommenen Avantgardismen einer ehemals linken Kunst sowie jener kryptische Elitismus, der trotz seiner »sperrigen« Haltung längst jenen kritischen Biß aufgegeben hat, den er noch im Rahmen mancher frühen Vertreter und Vertreterinnen der Frankfurter Schule hatte.

An die Stelle dieser drei Hauptströmungen innerhalb des gegenwärtigen Kulturbetriebs werden – falls es eines Tages nach vielfältigen Krisen tatsächlich zu der hier als utopisch-kritisches Gegenbild anvisierten »Demokratisierung« der politischen und sozioökonomischen Verhältnisse kommen sollte – sicher ganz andere Kunstformen treten. Möglicherweise werden darin das Aufbauende, Freudige, Heilende, Beseelte, Aufgeklärte, Freundliche, Helfende, Solidarische, Liebevolle, aber auch das menschlich Konfliktreiche, von Natur aus Unterschiedliche oder an der eigenen Beschränktheit Scheiternde im Sinne eines von allen stereotypen Vorurteilen befreiten sozialen Miteinanders im Vordergrund stehen. Ja, vielleicht wird dies einstmals jene Kunst sein, deren Werke man nicht mehr nach profiteinträglichen, formalästhetischen oder eventbetonten Maßstäben, sondern vornehmlich nach den Kriterien einer durchsetzungswilligen Humanität beurteilen wird. Und erst dann wird sich jene »Kritik der gesellschaftlichen Urteilskraft« (Pierre Bourdieu) schreiben lassen, die heute – nach Maßgabe der herrschenden politischen und sozioökonomischen Verhältnisse – zwangsläufig noch ein ins Phantasmagorische tendierendes Wunschbild bleiben muß.

13. Maxima moralia oder Das höchstmögliche Ziel

Um diesen Zustand erreichen zu können, muß jedoch – im Gegensatz zu Friedrich Schillers hoffnungslos idealistischen Postulaten – der ästhetischen Erziehung erst einmal eine politische Erziehung vorangehen. Die eigentliche Zielintention der Zukunft sollte darum in erster Linie ein nach »kommunitaristischen Vorstellungen« (Noam Chomsky) eingerichteter Staat sein, dessen Bewohner und Bewohnerinnen ein immer größeres Verantwortungsbewußtsein für die gemeinsame Regelung ihrer Arbeitsverhältnisse sowie für die Schonung der naturgegebenen Mitwelt der von ihnen bewohnten Region an den Tag legen. Nur so könnten sie jener von den großen multinationalen Konzernen angestrebten kommerziellen Globalisierung entgegentreten, die zu einer allgemeinen Entgesellschaftung, Entkunstung, Entheimatung und damit steigenden Rücksichtslosigkeit der Natur gegenüber führt. All jene, die verhindern wollen, daß das zwangsläufige Ergebnis dieser sich anbahnenden Globalisierung eine gesichtslose Masse von Konsumenten und Konsumentinnen ist, wodurch die Profitinteressen der großen Konzerne über alle anderen Interessen triumphieren würden, müßten deshalb ein auf den eigenen Staat sowie die eigene Mitwelt bezogenes Verantwortungsgefühl entwickeln, das sich für die politischen, sozioökonomischen, ästhetischen und ökologischen Belange des von ihnen als Heimat empfundenen Gebietes zuständig fühlt.

Damit ist weder ein blinder Rückfall ins Nationale noch ein ins Regionale vernarrter Pfahlbürgerstolz, sondern eine von kritischen Impulsen ausgehende sozioökonomische und sozioökologische Mitverantwortlichkeit gemeint, die im Rahmen der heutigen alles nivellierenden Konzern-, Börsen- und Bankenherrschaft immer stärker zu verschwinden droht. Zugegeben, die von diesen Institutionen angestrebte Globalisierung hat in ihrem Abbau nationaler und regionaler Schranken und Beschränktheiten auch ihr Gutes. In diesem Punkt erweist sich der Kapitalismus weiterhin als der große Zermalmer aller altertümlichen, das heißt aus der feudal-aristokratischen oder klerikal überformten Vorzeit stammenden Werte. Die von ihm propagierte Freie Marktwirtschaft hat jedoch andererseits stets die Tendenz, in eine brutale Ellbogenfreiheit auszuarten. Und dadurch haben die großen Konzerne allmählich eine noch weitreichendere Macht als ihre ehemaligen Gegner gewonnen. An die Stelle der gegenwärtig herrschenden neoliberalen, sprich: plutokratischen Marktwirtschaft sollte darum in einer der heraufziehenden Krisen eine Staatsvorstellung treten, in der das demokratisierende Element nicht nur in der Begünstigung der wirtschaftlich Stärkeren besteht, sondern im Sinne der von den frühkapitalistischen Theoretikern befürworteten Trias »Freiheit, Gleichheit, Brüderlichkeit oder besser: Mitmenschlichkeit« zu einer größeren Teilhabe an der politischen und vor allem wirtschaftlichen Macht sämtlicher Staatsbürger und -bürgerinnen führen würde. Erst dann könnte, wenn es nicht auf dem Höhepunkt einer solchen Krise zu einem »Rückfall ins Faschistische« (Chantal Mouffe) käme, eine tatsächliche Demokratie im Sinne von Volksherrschaft, ein größerer Respekt vor der uns umgebenden Natur und vielleicht sogar eine wahrhaft demokratische Kunst entstehen. Ja, möglicherweise wird man dann von unserer Zeit und allem, was davor lag, als der noch ausbeuterischen und unaufgeklärten »Vor-Geschichte« der Menschheit sprechen.

Vielleicht ließe sich zu diesem Zeitpunkt sogar eine »Ästhetische Theorie« schreiben, die nicht mehr im Schatten jener »Negativen Dialektik« steht, die manchen großen bürgerlichen Melancholikern des zwanzigsten Jahrhunderts (Theodor W. Adorno) als das unaufhaltsame Ergebnis einer immer rapider fortschreitenderen »Dialektik der Aufklärung« erschien, welche selbst jene, die dem Terror des Totalitarismus entrannen, zu einem »beschädigten Leben« verdammte. Und hoffen wir mit dem Mut abgehärteter, aber nicht verbitterter Kritiker und Kritikerinnen aller weiterbestehenden sozioökonomischen und ökologischen Mißstände sowie der sie überblendenwollenden Kulturindustrie, daß der Moment einer Krise nicht erst dann eintritt, wenn – besonders in ökologischer Hinsicht – ohnehin schon alles zu spät ist.

DREI NACHÜBERLEGUNGEN

1. Zur Rolle nationaler Kulturtraditionen im Zeitalter der Globalisierung

Angesichts der vielbeschworenen und infolgedessen als unaufhaltsam empfundenen Globalisierung heute überhaupt noch von »Staaten« zu sprechen, halten viele Menschen bereits für reichlich archaisch. Doch wie stellen sich diese Globalisierungsfreunde und -freundinnen eigentlich die künftige »Weltzivilisation« vor: als eine Welt, in welcher im Zuge der sich rapide ausbreitenden Franchising-Systeme und der daraus resultierenden Coca-Colonisierung unseres Planeten eine Myriade von Abermilliarden konzerngesteuerter Konsumenten und Konsumentinnen nur noch ihrem postmodernen Verbrauchsmaterialismus und Unterhaltungsbedürfnis frönt, das heißt jeden Sinn für historische und kulturelle Traditionen aufgegeben hat? Zugegeben, damit würden zwar manche der älteren zwischenstaatlichen und religiös bedingten Konfliktsituationen beseitigt. Aber wo blieben im Gefolge dieser Entwicklung, die höchst fatal an den Sieg der fordistischen Fun-Mentalität in Aldous Huxleys *Brave New World* erinnert, all jene linksliberalen, radikaldemokratischen oder sozialistischen Hoffnungen, mit denen fortschrittsbetonte Gruppen oder auch ganze Klassen einmal eine kulturelle Höherbildung der Menschheit ins Auge gefaßt haben, statt alle menschlichen Tätigkeiten nur noch unter dem Gesichtspunkt eines eigensüchtigen Bereicherungsdranges sowie einer ebenso eigensüchtigen Lustbefriedigung zu sehen?

Daß bei diesem Prozeß die USA eine führende Rolle spielen, hängt nicht nur mit der gegenwärtigen ökonomischen und militärischem Stärke dieses Landes zusammen, wie häufig behauptet wird. All das hat auch historische und kulturelle Gründe. Schließlich ist dieses politische Gebilde kein Nationalstaat, der – wie viele europäische und asiatische Länder – auf eine lange eigenstaatliche und kulturgesättigte Vergangenheit zurückblicken kann, sondern entwickel-

21 Pat Andrea: Buchillustration für *made in usa* (1969) von Jan Cremer

te sich als polyethnisches Einwandererland erst seit dem späten 18. Jahrhundert. Weitgehend ungehemmt von irgendwelchen feudal-aristokratischen oder bildungsbürgerlichen Kulturtraditionen konnte deshalb in diesem Lande die kapitalistische Marktwirtschaft mit all ihren positiven und negativen Eigenschaften am schnellsten zu sich selber kommen. Und damit siegten in den Vereinigten Staaten die bewußt trivial gehaltenen, das heißt profitorientierten Massenmedien viel früher über die älteren Hochkulturtraditionen als in jenen Ländern, wo sich ein Großteil der bildungsbürgerlichen Mittelschichten wesentlich länger und energischer gegen solche Tendenzen sperrte als die Mehrheit der US-amerikanischen Bevölkerung, deren Einstellung zum Phänomen »Kultur« lange Zeit von kunstfeindlich-puritanischen Traditionen sowie der Mentalität armer, ja ärmster und demzufolge von vielen Formen der höheren Kultur ausgeschlossener Wirtschaftsasylanten und ehemaliger Sklaven geprägt war.

Ein mögliches Widerstandspotential gegen die Konsequenzen der von der massenmedial operierenden Kulturindustrie dieses Landes ausgehenden Globalisierung, womit man dem immer stärker werdenden Sog der monopolkapitalistischen Hochkulturverramschung und zugleich der geistigen Entheimatung weitester Bevölkerungsschichten widerstehen könnte, gibt es darum – neben einigen aufmüpfigen und zugleich kulturbewußten Gruppen in den USA – fast nur noch in jenen Staaten, wo sich nach wie vor Restelemente einer ehemaligen kulturellen Eigenart und zugleich regionalen Verantwortlichkeit der Natur gegenüber erhalten haben. Gegen die momentan herrschenden Formen einer konkurrenzbetonten kommerziellen Profitgier, die diesem imperialen Ausbreitungsdrang im Bereich der Film-, Video-, Bestseller- sowie Pop- und Rockmusik zugrunde liegen, wären daher einige eigenstaatliche oder regionale Beharrungstendenzen durchaus angebracht. Um jedoch bei derartigen Tendenzen nicht ins Romantisch-Regressive oder gar Chauvinistische zurückzufallen, sollten sich geschichtsbewußte Kulturtheoretiker und -theoretikerinnen im Hinblick auf solche Relikte älterer Kulturformen stets einer dialektisierenden Optik bedienen, die genau zwischen den weißen und den schwarzen Linien in der Geschichte und Kultur eines bestimmten Landes zu unterscheiden weiß. Nur mit einer derartigen »Haltung« könnten alle historisch denkenden und zugleich kulturbewußten Menschen jenen Fürsprechern und Fürsprecherinnen eines egoistisch ausgerichteten Jetztzeitdenkens entgegentreten, die unter Zuhilfenahme der gängigen Posthistoire-Vorstellungen den weltweiten Sieg der monopolkapitalistischen Marktwirtschaft als das endgültig erreichte »Ende der Geschichte« hinstellen. Wenn nämlich diese Marktwirtschafter und -wirtschafterinnen mit ihrer These einer ökonomischen Alternativlosigkeit tatsächlich Recht behielten, wäre es schlimm um unsere Zukunft bestellt. Damit würde in sämtlichen hochindustrialisierten Ländern der eigensüchtige Materialismus der Besserverdienenden innerhalb der großen Konzerne und der von ihnen profitierenden Mittelschichten über all jene Unverzagten triumphieren, die sich weiterhin bemühen, bei ihrer Kritik an diesen Zuständen die Utopie einer anderen, besseren Gesellschaft und damit auch einer anderen, besseren Kultur im Auge zu behalten. Und um diese Sehweise bewahren zu können, brauchten wir dringender denn je zuvor die Erinnerung an jene radikaldemokratischen, linksliberalen wie auch sozialistischen Traditionen, die einmal eine höhergeartete Welt anvisiert haben als die realexistierende unserer eigenen Gegenwart, in der das historische Bewußtsein im Zuge postmoderner, postkritischer, posthumanistischer und anderer »postistischer« Vorstellungsweisen im schwarzen Loch einer von den herrschenden Massenmedien bewußt überblendeten progressionsbetonten Vergangenheit zu verschwinden droht. Die Chance einer Zukunft, die nicht im Zeichen sozioökonomischer oder ökologischer Krisen steht, werden wir darum nur dann haben, um es noch einmal höchst emphatisch und zugleich höchst realistisch zu formulieren, wenn wir uns dieser Traditionen bewußt bleiben und sie in dialektisch angeeigneter Weise in die Zukunft zu projizieren verstehen.

2. Rückbesinnung auf die »Dritte Sache«

Man sage nicht, die meisten dieser Traditionen, die stets vom Konzept einer für die Gesamtgesellschaft nützlichen »Totalität« ausgingen, hätten einen gefährlichen Zug ins »Totalitäre« und seien daher im Hinblick auf unsere demokratischen Verhältnisse längst obsolet geworden. Zugegeben, es gibt solche totalitären Züge innerhalb mancher dieser Traditionen. Das zeigte sich vor allem dann, wenn sie im Gefolge gewisser Zeitumstände – wie schon in der Französischen Revolution, aber auch später – das Subjektive unbarmherzig zu Gunsten des Kollektiven unterdrückten oder unterdrücken mußten. Doch das allein spricht nicht im Prinzip gegen die Forderung einer kollektiven »Verantwortlichkeit« schlechthin (Hans Jonas), ohne die alle gesellschaftlichen Vorgänge ins Egoistische, Narzißtische, Anarchistische, wenn nicht gar Barbarische ausarten würden. Im Gegensatz zu manchen Befürwortern und Befürworterinnen eines dezentrierenden Postmodernismus sollte man daher sehr genau zwischen »Totalität« und »Totalitarismus« unterscheiden. Schließlich wäre eine Denkweise wie die von Wolfgang Welsch – nämlich jede Form der »Totalität« zu verwerfen, die »doch nicht anders als totalitär ausgelegt werden könnte«, und dafür eine »radikale Pluralität« zu fordern – lediglich Wasser auf die Mühlen jener Bewußtseinsindustrien, die sich von der heuchlerischen Propagierung der gängigen PC-Parolen noch immer den größten meinungsbeherrschenden Nutzen versprechen.

Was materialistisch orientierte Historiker und Historikerinnen deshalb bei allen Überlegungen im Hinblick auf eine gerechter arrangierte Gesellschaft im Auge behalten sollten, müßte stets ein Totalitätskonzept à la Hegel sein, dem eine innige Dialektik von Ich und Gesellschaft zugrunde liegt, um jene Abspaltungen ins Partikulare zu vermeiden, die oft auf Berührungsängste den unteren Bevölkerungsschichten gegenüber zurückgehen. Nur so ließen sich folgende zwei Gefahren umgehen: 1. daß bei einer Überbetonung des Kollektivistischen die jeden demokratisch denkenden Menschen empörenden Entartungen ins Faschistische oder Stalinistische eintreten könnten, oder 2. daß bei einer Überbetonung des Individuellen alle Staatsbürger und -bürgerinnen in ein amorphes, neoliberales Wirtschafts- und Gesellschaftsgefüge gestoßen würden, in dem sie aufgrund ihrer Isolierung – obwohl sich solche Staatsformen ständig mit salbungsvollen Worten zur »Selbstrealisierung des Einzelnen« bekennen – ebenfalls keine Chance irgendwelcher gesellschaftsverändernder Eingriffe hätten. Denn auch in sogenannten Demokratien kann sich dieser Selbstrealisierungsdrang sogar im Bereich des Privaten nur in Ausnahmefällen »frei« entfalten, da er stets von den formativen Einflüssen der herrschenden Massenmedien mitbestimmt wird, hinter denen für kritisch eingestellte Augen deutlich erkennbare politische und sozioökonomische »Meisterdiskurse« stehen, deren Existenz viele Vertreter und Vertreterinnen der Postmoderne auf anderen Gebieten weitgehend in Frage stellen. Um jedoch nicht ins Materialistische zu »entgleisen« oder gar in irgendwelche Totalitätskonzepte zurückzufallen, wird von den Sprechern und Sprecherinnen dieser Denkrichtung neben der vielbeschworenen »Selbstrealisierung« auf diesem Sektor meist noch ein anderes meinungsmanipulierendes Schlagwort ins Feld geführt. Und das ist in vielen Fällen die Vokabel »Zeitgeist«, die einer der schärfsten Kritiker des Postmodernismus (Werner Seppmann) wegen ihrer unspezifischen Abgegriffenheit als eine der »banalsten Legitimationsformen des gegenwärtig herrschenden Denkens« bezeichnet hat. Ideologiekritisch betrachtet, basiert nämlich das derzeitige »Zeitgeist«-Gerede weitgehend auf einem rational nie zu konkretisierenden Theoriediskurs, der sich in seinem Zweifel an einer möglichen Wahrheitsfindung für besonders tiefsinnig hält. Und diese Taktik bietet vielen Postmodernisten und -modernistinnen die erwünschte Möglichkeit, von den dahinterstehenden gesellschaftlichen Mechanismen, in denen es noch immer um handfeste politische und ökonomische Machtverhältnisse geht, mit kulturtheoretischer Nonchalance einfach abzusehen.

Die Hauptaufgabe einer demokratisch-emanzipatorischen Kunsttheorie müßte demnach die Aufdeckung solcher Widersprüche sein, um endlich wieder einen zukunftsermöglichenden Zug in derartige Argumentationsketten zu bringen. Von Partikulardiskursen, aisthetischen Wahrnehmungsweisen und menschlichen Leibsubjekten haben wir im Rahmen der postmodernen Theoriewellen der letzten 20 Jahre wahrlich genug erfahren. Was in Zukunft auf die Tagesordnung gehörte, sollten auch im Hinblick auf soziokulturelle Fragen endlich wieder Reflektionen über die früher allbekannte »Dritte Sache« sein, nämlich das, was jeder menschlichen Vergesellschaftung erst einen konkreten Sinn verleiht. Und das wäre jene Dialektik zwischen Ich und Staat, die in vielen radikaldemokratischen, linksliberalen und sozialistischen Gesellschafstheorien im Vordergrund gestanden hat, jedoch heute sowohl auf politischem als auch ästhetischem Gebiet immer stärker aus dem Gesichtsfeld zu schwinden droht. Nur dann könnten solche Überlegungen wieder eine gesamtgesellschaftliche Relevanz erhalten, statt in irgendwelche solipsistischen oder abstrakt-theoretisierenden Gefilde abzuschwirren. Falls sie Letzteres täten, würden sie wegen ihrer betonten Ideologiescheu lediglich all jene herrschaftsaffirmierenden Anschauungen unterstützen, die – trotz der durch die Kulturindustrie angestrebten »Gleichschaltung« (Theodor W. Adorno) breitester Bevölkerungsschichten – weiterhin den Slogan der »Freiheit des Einzelnen« (Ulrich Beck) auf ihre Fahnen schreiben, statt in ihre Theoriebildungen auch auf ideologiekritische oder klassenbezogene Aspekte einzugehen.

Schließlich ist dieses »freischwebende Ich«, von dem in manchen postmodernen Theoriebildungen so gern die Rede ist, meist ein recht »disponibles Ich«. Heinz-Günter Vester nennt es deshalb ein »Konstrukt ohne Authentizität, zusammengebraut aus frei-flottierenden Wünschen und Ängsten, aus Identifikationen mit konsumierbaren Objekten«, dem es vor allem daran mangelt, was man im Rahmen der älteren Aufklärung, ja selbst noch der Frankfurter Schule einmal »Mündigkeit« genannt hat. Diese »Mündigkeit« wird jedoch ein solches Ich nie erreichen, solange es innerhalb der Reklame- und Massenmedienwelt geradezu pausenlos mit konsumanreizenden Parolen überschüttet wird, welche es von der Herausbildung der so oft geforderten »Individuation« ablenken. Ja, selbst viele Intellektuelle, die sich sowohl von den Verführungen der Reklame- und

22 Anonym: Satirische Zeichnung in *Tendenzen* (1973)

Massenmedienwelt als auch den weitverbreiteten postmodernistischen Theoriebildungen mit all ihren pseudoindividualisierenden Impulsen beeindrucken lassen, werden im Rahmen einer derartig mit Werbesignalen ausgestatteten Umwelt weitgehend »unmündig« bleiben. Doch vielleicht ist die im Gefolge Theodor W. Adornos oft angeführte »Mündigkeit« letztlich gar nicht das höchste Ziel eines positiv verlaufenden menschlichen Reifungsprozesses, da eine solche

Zielintention stets die Gefahr einer subjektiv-solipsistischen Isolierung in sich birgt. Wahrhaft »mündig« wäre demgegenüber nur eine menschliche Haltung, die außer ihrer Selbstrealisierung zugleich ihren Platz, ja ihre Aufgabe in der sie umgebenden Gesellschaft zu erkennen versucht und die dementsprechenden sozialverantwortlichen Entscheidungen trifft. Das würde neben der »Ersten Sache« (der Stärkung des Ichbewußtseins), der »Zweiten Sache« (der Bindung an einen Partner) zugleich jener »Dritten Sache« (der Arbeit an einer besseren Gesellschaft) dienen, der sich jeder Mensch unterstellen sollte.

3. Ästhetik heute

So gesehen, sollten alle Überlegungen im Hinblick auf eine alternative Ästhetik stets im Zeichen einer Hoffnung auf andere, bessere Gesellschaftsformen stehen, in der nicht mehr die Beschleunigung der industriellen Zuwachsrate und die damit verbundenen materiellen Gewinnchancen die einzig ausschlaggebenden Faktoren innerhalb aller noch möglicher Fortschrittsvorstellungen wären. Erst dann würde jedwede Ästhetik aufhören, lediglich Ästhetik, das heißt ein von aktuellen Relevanzforderungen abgeschottetes Phänomen zu sein. Im gleichen Sinne, wie Marx einmal von der »Negation der Philosophie als Philosophie« gesprochen hat, um sie damit im Rahmen eines materialistisch fundierten Weltbildes ihres abstrakten, ja geradezu metaphysischen Charakters zu entkleiden, müßten gesamtgesellschaftlich denkende Kulturtheoretiker und -theoretikerinnen auch die Ästhetik endlich aus den höheren Regionen kunstphilosophischer Spekulationen herunterholen und auf den Boden der gegenwärtigen Situation stellen. Statt also weiterhin an den angeblichen Gesetzmäßigkeiten einer zeitlos gültigen Ästhetik herumzurätseln, sollten solche Gruppen nur noch eine gegenwartsbezogene Ästhetik ins Auge fassen, das heißt sich bemühen, ihr wieder eine »eingreifende« Relevanz zu geben. Alles andere sind letztlich Hirngespinste oder bestenfalls liebenswerte Spekulationen, die zwar

Anlaß zu interessanten Glasperlenspielen geben können, aber keine gesellschaftspolitische Funktion haben.

Allerdings läßt sich dabei eine Folgerung nicht vermeiden. Wer nämlich auf den Anspruch des Philosophisch-Überzeitlichen verzichtet und von vornherein ins Konkrete strebt, setzt sich zwangsläufig der Gefahr des Veraltenden aus. Doch darin sollten geschichtsbewußte Menschen keinen Lapsus ins Irrelevante, sondern eine unumgängliche Notwendigkeit sehen. Schließlich ist alles – selbst das noch so abstrakt Ausgedachte – stets das Produkt einer historisch genau zu lokalisierenden Zeitsituation und der in ihr waltenden politischen, sozioökonomischen und kulturellen Voraussetzungen. Dagegen sind auch die steilsten Höhenflüge ins angeblich »Philosophische« nicht gefeit. Daß solche Höhenflüge von manchen Menschen als »zeitlos« aufgefaßt werden, liegt nicht am Wesen derartiger Aufschwünge, sondern an den reaktionären Sehweisen der sich gegen den reißenden Strom der geschichtlichen Entwicklungen sperrenden Theoretiker und Theoretikerinnen. Materialistisch betrachtet, ist demzufolge jede Ästhetik bereits kurz nach dem Zeitpunkt ihres Erscheinens – wie jedes andere Produkt der menschlichen Erkenntnis – wieder veraltet. Wenn es also überhaupt eine Ästhetik gibt, dann nur eine »Ästhetik heute«, aber keine Ästhetik schlechthin. Eine solche Einsicht mag vielen Verfassern und Verfasserinnen gegenwärtiger Ästhetiken, in denen sie sich in Form eines philosophischen Traktats »verewigen« wollen, betrüblich erscheinen. Aber eine andere Chance bietet ihnen die sich ständig verändernde gesellschaftliche Situation nicht. Letztlich gibt es bei solchen Bestrebungen nur *einen* Trost für sie: falls sie auch auf die Widersprüche und Konflikte ihrer eigenen Zeit eingegangen sind, statt ihnen von vornherein ins Philosophisch-Abgehobene ausgewichen zu sein, haben sie den nach ihnen Kommenden möglicherweise einen Trittstein hinterlassen, von dem sich all jene abstoßen können, die sich um eine politästhetische Bewältigung der sie bedrängenden, aber inzwischen andersgearteten kulturellen Konflikte bemühen.

LEKTÜREVERZEICHNIS

Im Folgenden werden alle Werke angeführt, die mir vor der Niederschrift dieses Buches – ob nun in zustimmender, belehrender oder kritischer Hinsicht – wichtig erschienen. Außerdem weise ich auch auf einige meiner früheren Schriften zu den hier behandelten Themen hin. Wesentlich ausführlichere Bibliographien zum Thema »Postmoderne« finden sich in Wolfgang Welsch (Hrsg.): *Wege aus der Moderne. Schlüsseltexte der Postmoderne-Diskussion*, Berlin 2. Aufl. 1994, und Peter V. Zima: *Moderne/Postmoderne. Gesellschaft, Philosophie, Literatur*, Tübingen 1997. Um den Text und den Anhang des Ganzen nicht akademisch zu überfrachten, wurde auf Zitatnachweise und Fußnoten bewußt verzichtet. Für die sorgfältige Computerisierung meines Schreibmaschinenmanuskripts für dieses Buch bin ich wiederum Jürgen Schaupp zu großem Dank verpflichtet.

Adler, Hans und Jost Hermand (Hrsg.): *Concepts of Culture*, New York 1999.
Adorno, Theodor W. und Max Horkheimer: *Dialektik der Aufklärung*, Amsterdam 1947.
Adorno, Theodor W.: *Philosophie der neuen Musik*, Tübingen 1949.
——: *Dissonanzen. Musik in der verwalteten Welt*, Göttingen 1956.
——: *Ästhetische Theorie*, Frankfurt a. M. 1970.
Anders, Günther: *Die Antiquiertheit des Menschen. Über die Seele im Zeitalter der zweiten industriellen Revolution*, München 1956.
Baker, Adrienne (Hrsg.): *Serious Shopping*, London 2001.
Barber, Benjamin R.: *Jihad vs. McWorld*, New York 1995.
Barck, Karlheinz (Hrsg.): *Aisthesis. Wahrnehmung heute oder Perspektiven einer anderen Ästhetik*, Leipzig 1990.
Barck, Karlheinz et al. (Hrsg.): *Ästhetische Grundbegriffe*, Stuttgart 2000ff.
Barthes, Roland: *Literatur oder Geschichte*, Frankfurt a. M. 1969.
Benhabib, Seyla: *Selbst im Kontext. Kommunikative Ethik im Span-

nungsfeld von Feminismus, Kommunitarismus und Postmoderne, Frankfurt a. M. 1995.

Benjamin, Walter: *Illuminationen. Ausgewählte Schriften*, Frankfurt a. M. 1955.

Bense, Max: *Aesthetica*, Baden-Baden 1965.

Bloch, Ernst: *Das Prinzip Hoffnung*, Berlin 1954ff.

Böhme, Gernot: *Für eine ökologische Naturästhetik*, Frankfurt a. M. 1989.

Bolz, Norbert: *Das kontrollierte Chaos. Vom Humanismus zur Medienwirklichkeit*, Düsseldorf 1994.

———: *Das konsumistische Manifest*, München 2002.

Bolz, Norbert und David Bosshart: *Kult-Marketing. Die neuen Götter des Marktes*, Düsseldorf 1995.

Bourdieu, Pierre: *Die feinen Unterschiede. Kritik der gesellschaftlichen Urteilskraft*, Frankfurt a. M. 1982.

———: *Homo academicus*, Frankfurt a. M. 1988.

Bovenschen, Silvia: *Die imaginierte Weiblichkeit. Exemplarische Untersuchungen zu kulturgeschichtlichen und literarischen Präsentationsformen des Weiblichen*, Frankfurt a. M. 1979.

Brecht, Bertolt: *Schriften zur Literatur und Kunst*, Frankfurt a. M. 1967.

Bürger, Peter: *Theorie der Avantgarde*, Frankfurt a. M. 1974.

Callenbach, Ernest: *Ökotopia*, Berlin 1979.

———: *Ein Weg nach Ökotopia. Die Entstehungsgeschichte einer anderen Zukunft*, Berlin 1983.

Chomsky, Noam: *Understanding Power*, New York 2002.

Collins, Jim: *High-Pop. Making Culture into Popular Entertainment*, Oxford 2002.

Cross, Gary: *An All-Consuming Century. Why Commercialism Won in Modern America*, New York 2000.

Deppe, Frank: *Fin de Siècle. Am Übergang ins 21. Jahrhundert*, Köln 2001.

Derrida, Jacques: *Die Schrift und die Differenz*, Frankfurt a. M. 1976.

Eagleton, Terry: *Die Illusionen der Postmoderne. Ein Essay*, Stuttgart 1997.

Eco, Umberto: *Apokalyptiker und Integrierte. Zur kritischen Kritik der Massenkultur*, Frankfurt a. M. 1981.

Featherstone, Mike: *Consumer Culture and Postmodernism*, London 1990.

Fiedler, Leslie A.: *Cross the Border – Close the Gap*, New York 1972.

Fischer, Ernst: *Kunst und Koexistenz. Beitrag zu einer modernen marxistischen Ästhetik*, Reinbek 1966.

Gehlen, Arnold: *Zeit-Bilder. Zur Soziologie und Ästhetik der modernen Malerei*, Frankfurt a. M. 1960.

Girnus, Wilhelm, Helmut Lethen und Friedrich Rothe: *Von der kritischen zur historisch-materialistischen Literaturwissenschaft*, Berlin 1971.

Gramsci, Antonio: *Gesamtausgabe*, Hamburg 2003.

Grasskamp, Walther: *Konsumglück. Die Ware Erlösung*, München 2000.

Habermas, Jürgen: *Die Moderne. Ein unvollendetes Projekt*, Frankfurt a. M. 1981.

——: *Der philosophische Diskurs der Moderne. Zwölf Vorlesungen*, Frankfurt a. M. 1985.

——: *Die neue Unübersichtlichkeit*, Frankfurt a. M. 1985.

Hamann, Richard: Christentum und europäische Kultur. In Edgar Lehmann (Hrsg.): *Richard Hamann in memoriam*, Berlin 1963, S. 19-78.

——: *Theorie der bildenden Künste*, Berlin 1980.

Harvey, David: *The Condition of Postmodernity*, Oxford 1989.

Haug, Wolfgang Fritz: *Kritik der Warenästhetik*, Frankfurt a. M. 1971.

—— (Hrsg.): *Warenästhetik. Beiträge zur Diskussion, Weiterentwicklung und Vermittlung ihrer Kritik*, Frankfurt a. M. 1975.

Haug, Wolfgang Fritz und Kaspar Maase (Hrsg.): *Materialistische Kulturtheorie und Alltagskultur*, Berlin 1980.

Hauser, Arnold: *Sozialgeschichte der Kunst und Literatur*, München 1967.

Heise, Wolfgang: *Die Wirklichkeit des Möglichen. Dichtung und Ästhetik in Deutschland 1750-1850*, Berlin 1990.

Heister, Hanns-Werner, Karin Heister-Grech und Gerhard Scheit

(Hrsg.): *Zwischen Aufklärung & Kulturindustrie. Festschrift für Georg Knepler zum 85. Geburtstag*, Hamburg 1993.

Hermand, Jost: *Pop International. Eine kritische Analyse*, Frankfurt a. M. 1971.

——: *Die Kultur der Bundesrepublik Deutschland. 1965-1985*, München 1988.

——: *Im Wettlauf mit der Zeit. Anstöße zu einer ökologiebewußten Ästhetik*, Berlin 1991.

—— (Hrsg.): *Postmodern Pluralism and Concepts of Totality*, New York 1995.

——: Ist die Bundesrepublik ein Kulturstaat? Rückblick und Ausblick. In Jost Hermand: *Angewandte Literatur. Politische Strategien in den Massenmedien*, Berlin 1996, S. 249-266.

——: *Zuhause und anderswo. Erfahrungen im Kalten Krieg*, Köln 2001.

Hermand, Jost und Hubert Müller (Hrsg.): *Öko-Kunst? Zur Ästhetik der Grünen*, Berlin 1989.

Herrmann, Hans Peter: Sozialgeschichte oder Kunstautonomie? Zur Problematik neuerer Geschichten der deutschen Literatur. In Rüdiger Scholz (Hrsg.): *Kritik der Sozialgeschichtsschreibung*, Berlin 1990, S. 173-214.

Herzinger, Richard: *Tyrannei des Gemeinsinns. Bekenntnis zur egoistischen Gesellschaft*, Berlin 1997.

Hobsbawm, Eric John: *Wieviel Geschichte braucht die Zukunft?*, München 2001.

Hoesterey, Ingeborg (Hrsg.): *Zeitgeist in Babel. The Post-Modernist Controversy*, Bloomington 1991.

——: *Pastiche. Cultural Memory in Art, Film, Literature*, Bloomington 2001.

Hoffmann-Axthelm, Dieter: *Theorie der künstlerischen Arbeit*, Frankfurt a. M. 1974.

——: *Sinnesarbeit. Nachdenken über Wahrnehmung*, Frankfurt a. M. 1987.

Hohendahl, Peter Uwe: *Sozialgeschichte und Wirkungsästhetik. Dokumente zur empirischen und marxistischen Rezeptionsforschung*, Frankfurt a. M. 1974.

Hollein, Max und Christoph Grunenberg: *Shopping. Hundert Jahre Kunst und Konsum*, Frankfurt a. M. 2002.
Holz, Hans Heinz: *Vom Kunstwerk zur Ware. Studien zur Funktion des ästhetischen Gegenstands im Spätkapitalismus*, Neuwied 1972.
Huyssen, Andreas und Klaus R. Scherpe (Hrsg.): *Postmoderne. Zeichen eines kulturellen Wandels*, Reinbek 1986.
Jameson, Fredric: *Marxism and Form. Twentieth-Century Dialectical Theories of Literature*, Princeton 1972.
——: *Das politische Unbewußte. Literatur als Symbol sozialen Handelns*, Reinbek 1988.
——: *Postmodernism or, the Cultural Logic of Late Capitalism*, Durham 1991.
Jonas, Hans: *Das Prinzip Verantwortung. Versuch einer Ethik für die technologische Zivilisation*, Frankfurt a. M. 1991.
Kagan, Moissej: *Vorlesungen zur marxistisch-leninistischen Ästhetik*, Berlin 1971.
Kramer, Dieter: *Freizeit und Reproduktion der Arbeitskraft*, Köln 1975.
Kuczynski, Jürgen und Wolfgang Heise: *Bild und Begriff. Studien über die Beziehungen zwischen Kunst und Wissenschaft*, Berlin 1975.
Kühne, Lothar: *Gegenstand und Raum. Über die Historizität des Ästhetischen*, Dresden 1981.
Kühnl, Reinhard: *Formen bürgerlicher Herrschaft. Liberalismus – Faschismus*, Reinbek 1971.
Kulikowa, Irina: *Die müde Revolte oder wie modern ist der Modernismus?*, Berlin 1983.
Kurz, Robert: *Die Welt als Wille und Design. Postmoderne, Lifestyle-Linke und die Ästhetisierung der Krise*, Berlin 1999.
Laclau, Ernesto, Judith Butler und Slavoj Žižek: *Contingency, Hegemony, Universality. Contemporary Dialogues on the Left*, London 2000.
Lasch, Christopher: *The Culture of Narcissism. American Life in an Age of Diminishing Expectations*, New York 1978.
Loukopoulos-Lepanto, Wassili: *Kunst für den Menschen oder: Für eine ökologische Kunst. Für eine Überwindung der abstrakten unverpflichteten Kunst*, Freiburg 1983.
Lukács, Georg: *Beiträge zur Geschichte der Ästhetik*, Berlin 1954.

——: *Die Eigenart des Ästhetischen*, Neuwied 1963.
——: *Kunst und objektive Wahrheit. Essays zur Literaturtheorie und Geschichte*. Hrsg. von Werner Mittenzwei, Leipzig 1977.
Lyotard, Jean François: *Das postmoderne Wissen*, Wien 1986.
——: *Die Analytik des Erhabenen*, München 1994.
Mamiya, Christin J.: *Popart and Consumer Culture. American Supermarket*, Austin 1992.
Man, Paul de, Christoph Menke und Jürgen Blasius: *Die Ideologie des Ästhetischen*, Frankfurt a. M. 1993.
Marcuse, Herbert: Über den affirmativen Charakter der Kultur. In Herbert Marcuse: *Kultur und Gesellschaft*, Frankfurt a. M. 1965, S. 56-101.
——: *Der eindimensionale Mensch. Studien zur Ideologie der fortgeschrittenen Industriegesellschaft*, Neuwied 1967.
Marquard, Odo: Kompensationstheorien des Ästhetischen. In Dirk Grathoff (Hrsg.): *Studien zur Ästhetik und Literaturgeschichte der Kunstperiode*, Frankfurt a. M. 1985, S. 103-120.
——: *Aesthetica und Anaesthetica. Philosophische Überlegungen*, München 2003.
Mayer, Günter: Ästhetik. In Wolfgang Fritz Haug (Hrsg.): *Historisch-Kritisches Wörterbuch des Marxismus*, Berlin 1996, S. 648-673.
Menke, Christoph: *Die Souveränität der Kunst. Ästhetische Erfahrung nach Adorno und Derrida*, Frankfurt a. M. 1988.
Metscher, Thomas: *Kunst und sozialer Prozeß. Studien zu einer Theorie der ästhetischen Erkenntnis*, Köln 1977.
——: *Pariser Meditationen. Zu einer Ästhetik der Befreiung*, Wien 1992.
——: Zivilgesellschaft und postmodernes Bewußtsein. In Hermann Kopp und Werner Seppmann (Hrsg.): *Gescheiterte Moderne? Zur Ideologiekritik des Postmodernismus*, Essen 2003, S. 145-174.
Mittenzwei, Werner: *Brecht und die Schicksale der Materialästhetik*, Berlin 1975.
——: *Die Intellektuellen. Literatur und Politik in Ostdeutschland 1945-2000*, Leipzig 2001.
Morris, William: *Kunst und Schönheit der Erde. Vier Vorträge über Ästhetik*, Berlin 1986.

Morris-Keitel, Peter und Michael Niedermeier (Hrsg.): *Ökologie und Literatur*, New York 2000.
Müller, Michael: *Autonomie der Kunst. Zur Genese und Kritik einer bürgerlichen Kategorie*, Frankfurt a. M. 1972.
Neumann-Braun, Klaus et al. (Hrsg.): *Popvisionen. Links in die Zukunft*, Frankfurt a. M. 2003.
Niethammer, Lutz: *Posthistorie. Ist die Geschichte zu Ende?*, Hamburg 1989.
Paetzold, Heinz: *Neomarxistische Ästhetik*, Düsseldorf 1974.
——: *Ästhetik der neueren Moderne. Sinnlichkeit und Reflexion in der konzeptionellen Kunst der Gegenwart*, Stuttgart 1990.
Pine, B. Joseph und James H. Gilmore: *Erlebniskauf. Konsum als Erlebnis, Business als Bühne, Arbeit als Theater*, München 2000.
Portas, Mary: *Windows. The Art of Retail Display*, New York 1999.
Pracht, Erwin und Irene Dölling: *Ästhetik heute*, Berlin 1978.
Pracht, Erwin, Michael Franz, Wolfgang Heise, Karin Hirdina, Reinhard May, Günter Mayer und Ulrich Rössner: *Ästhetik der Kunst*, Berlin 1987.
Raphael, Max: *Arbeiter, Kunst und Künstler. Beiträge zu einer marxistischen Kunstwissenschaft*, Frankfurt a. M. 1975.
Rotermund, Hermann: *Ästhetische Bedürfnisse. Zur materialistischen Analyse ihrer gesellschaftlichen Funktion*, Frankfurt a. M. 1977.
Sana, Heleno: *Die Zivilisation frißt ihre Kinder*, Hamburg 1997.
Schleif, Nina: *SchaufensterKunst. Berlin und New York*, Köln 2003.
Schneider, Norbert: *Geschichte der Ästhetik von der Aufklärung bis zur Postmoderne. Eine paradigmatische Einführung*, Stuttgart 1996.
Seel, Martin: *Die Kunst der Entzweiung. Zum Begriff der ästhetischen Rationalität*, Frankfurt a. M. 1985.
Seppmann, Werner: *Das Ende der Gesellschaftskritik? Die »Postmoderne« als Realität und Ideologie*, Köln 2000.
Solomon, Maynard: *Marxism and Art. Essays Classic and Contemporary*, Detroit 1979.
Sonderegger, Ruth: *Für eine Ästhetik des Spiels*, Frankfurt a. M. 2000.
Steinecke, Albrecht (Hrsg.): *Erlebnis- und Konsumwelten*, München 2000.

Stephan, Alexander (Hrsg.): *Peter Weiss. Die Ästhetik des Widerstands*, Frankfurt a. M. 1983.
Tomberg, Friedrich: *Politische Ästhetik. Vorträge und Aufsätze*, Darmstadt 1973.
Treptow, Elmar: *Die erhabene Natur. Entwurf einer ökologischen Ästhetik*, Würzburg 2001.
Trommler, Frank: *Germanistik in den USA. Neue Entwicklungen und Methoden*, Opladen 1989.
Vester, Heinz-Günter: *Soziologie der Postmoderne*, München 1993.
Warnke, Martin: *Bildersturm. Die Zerstörung des Kunstwerks*, München 1973.
Wellmer, Albrecht: *Zur Dialektik von Moderne und Postmoderne. Vernunftkritik nach Adorno*, Frankfurt a. M. 1985.
Welsch, Wolfgang: *Postmoderne – Pluralität als ethischer und politischer Wert*, Köln 1988.
——: *Unsere postmoderne Moderne*, Weinheim 1988.
Welsch, Wolfgang und Jean Baudrillard (Hrsg.): *Wege aus der Moderne. Schlüsseltexte der Postmoderne-Diskussion*, Weinheim 1988.
Welsch, Wolfgang und Ivo Frenzel (Hrsg.): *Die Aktualität des Ästhetischen*, München 1993.
Welsch, Wolfgang, Christine Pries und Hermann Danuser (Hrsg.): *Ästhetik im Widerstreit. Interventionen zum Werk von Jean-François Lyotard*, Weinheim 1991.
Werckmeister, Otto Karl: *Ende der Ästhetik*, Frankfurt a. M. 1971.
Wernick, Andrew: *Promotional Culture*, London 1992.
White, Hayden V. und Brigitte Brinkmann-Siepmann: *Auch Klio dichtet oder Die Fiktion des Faktischen. Studien zur Tropologie des historischen Diskurses*, Stuttgart 1986.
Whiting, Cécile: *A Taste for Pop. Pop Art, Gender, and Consumer Culture*, Cambridge 1997.
Williams, Raymond: *Television*, New York 1975.
Wissen, Markus, Friederike Habermann und Ulrich Brand: Vom Gebrauchswert radikaler Kritik. In Theo Bruns et al. (Hrsg.): *radikal global. Bausteine für eine internationalistische Linke*, Hamburg 2003, S. 43-56.

Wolff, Robert Paul, Barrington Moore und Herbert Marcuse: *Kritik der reinen Toleranz*, Frankfurt a. M. 1966.

Zima, Peter V.: *Moderne/Postmoderne. Gesellschaft, Philosophie, Literatur,* Tübingen 1997.

Zournazi, Mary (Hrsg.): *Hope. New Philosophies for Change*, New York 2003.

BILDNACHWEISE

Baudouin, Frans: *Pietro Pauolo Rubens,* Anvers: Fonds Mercator, 1977   3

Bölsche, Jochen: *Die deutsche Landschaft stirbt,* Reinbek: Rowohlt, 1983   19

Cremer, Jan: *made in usa,* Darmstadt: März, 1969   21

Deutschland, Juni/Juli 2003   18

Europäische Gemeinsamkeit. Fundamente, Inspirationen, Wechselwirkungen, Recklinghausen: Städtische Kunsthalle, 1979   6

Hann Trier, Köln: Kölnischer Kunstverein, 1979   4

Hollein, Max und Christoph Grunenberg: *Shopping,* Ostfildern: Hatje Cantz, 2002   12

Hopkins, David: *After Modern Art,* Oxford: Oxford University Press, 2000   5

Kulturchronik, 1984   8

Kunstforum International, 1983, H. 9   11

Love Notes, 2003   14

Lucie-Smith, Edward: *Artoday,* London: Phaidon, 1995   9, 16, 17

Lullies, Reinhard: *Greek Sculpture,* New York: Abrams, 1957   2

Metall Hammer Special, Nr. 1, Lüdenscheid 1984   15

Meysenbug, Karl Alfred: *Supermädchen,* Frankfurt a. M.: Heinrich Heine Verlag, 1968   13

NewScientist, 16. August 2003   10

Staeck, Klaus: Postkarte, 1984   20

Stubbe, Wolf (Hrsg.): *Ernst Barlach. Plastik,* München: Piper, 2. Aufl., 1961   1

Tendenzen, H. 91, 1973   22

Archiv des Verfassers   7

NAMENREGISTER

Abate, Alberto 88, 90
Abendroth, Wolfgang 132, 151
Adenauer, Konrad 51, 77
Adler, Hans 175
Adorno, Theodor W. 52–55, 84, 86, 110, 111, 133, 138, 143, 164, 171, 172, 175
Ahlers-Hestermann, Friedrich 45
Anders, Günther 102, 128, 140, 150, 175
Andrea, Pat 166
Ariès, Philippe 59
Armani, Giorgio 107, 108

Bach, Johann Sebastian 37, 41, 119
Bachhuber, Liz 76
Baker, Adrienne 175
Barber, Benjamin R. 104, 122, 175
Barck, Karlheinz 175
Bariccio, Alessandro 90
Barlach, Ernst 18, 65, 185
Barney, Matthew 57, 90, 114
Barthelme, Donald 90
Barthes, Roland 84, 175
Baselitz, Georg 100
Baudrillard, Jean 57, 182
Baumgarten, Alexander Gottlieb 26, 104
Beauvoir, Simone de 65
Becher, Johannes R. 9, 70
Beck, Ulrich 125, 157, 171

Beckett, Samuel 53
Beethoven, Ludwig van 11, 27, 34, 112, 117, 118
Benhabib, Seyla 156, 175
Benjamin, Walter 19, 32, 46, 66, 104, 115, 154, 176
Benn, Gottfried 46
Bense, Max 50, 176
Berg, Alban 53
Bernhard, Thomas 84
Bernini, Gian Lorenzo 38
Beuys, Joseph 84, 119
Blasius, Jürgen 180
Bloch, Ernst 4, 12, 14, 69, 133, 146, 161, 176
Böhme, Gernot 25, 28, 176
Böhme, Hartmut 136
Böhringer, Hannes 82
Bölsche, Jochen 185
Bolz, Norbert 4, 61, 89, 106, 110, 126, 176
Boss, Hugo 104
Bosshart, David 176
Boudouin, Frans 185
Bourdieu, Pierre 12, 59, 81, 95, 146, 162, 176
Bovenschen, Silvia 78, 79, 176
Brand, Ulrich 182
Braudel, Fernand 59
Braun, Volker 65, 70
Brecht, Bertolt 10, 13, 32, 34–36, 62,

65, 66, 81, 89, 118, 123, 129, 137, 143, 154, 155, 176
Brinkmann-Siepmann, Brigitte 182
Bruns, Theo 177
Bürger, Peter 33, 51, 176
Burgin, Victor 127
Bush, George W. 108
Butler, Judith 179

Callenbach, Ernest 135, 176
Campanella, Tommaso 1
Celan, Paul 86, 138
Chagall, Marc 112
Che Guevara 74
Chomsky, Noam 125, 146, 159, 163, 176
Chopin, Frédéric 118
Chruschtschow, Nikita 43
Clinton, Bill 121
Collins, Jim 176
Cragg, Tony 134
Cremer, Fritz 65
Cremer, Jan 166, 185
Cross, Gary 176

Dante Alighieri 112
Danuser, Hermann 182
Deppe, Frank 176
Derrida, Jacques 81, 83, 84, 91, 176
Dilthey, Wilhelm 22
Dior, Christian 48
Dölling, Irene 181

Eagleton, Terry 57, 59, 176
Eco, Umberto 55, 90, 177

Eisenstein, Sergej 65
Eisler, Hanns 65
Elias, Norbert 59
Eliot, Thomas Stearns 60
Eluard, Paul 65
Engels, Friedrich 47
Enzensberger, Hans Magnus 20, 74, 92
Erhard, Ludwig 95, 126

Featherstone, Mike 177
Fiedler, Leslie A. 60, 177
Fischer, Ernst 177
Ford, Henry 2, 4, 7
Foucault, Michel 84
Frankenfeld, Peter 112
Franz, Michael 181
Frenzel, Ivo 182
Friedrich, Caspar David 27, 34, 74

Gadamer, Hans-Georg 83
Gehlen, Arnold 177
Gerth, Hans 84
Gilmore, James H. 181
Girnus, Wilhelm 177
Goethe, Johann Wolfgang 9, 21, 34, 135
Gorki, Maxim 65
Göttner-Abendroth, Heide 79
Gramsci, Antonio 12, 16, 145, 177
Grasskamp, Walther 177
Grathoff, Dirk 180
Greenaway, Peter 90, 114
Grieshaber, Helmut Andreas Paul 64, 65

Grohmann, Will 51
Grosz, George 20, 65
Grunenberg, Christoph 179, 185
Gundolf, Friedrich 25

Haberman, Friederike 182
Habermas, Jürgen 62, 131, 145, 157, 177
Haftmann, Werner 50
Hamann, Richard 28, 31, 59, 152, 177
Handke, Peter 84, 90
Harvey, David 177
Haug, Frigga 79
Haug, Wolfgang Fritz 101, 102, 104, 151, 177, 180
Hauser, Arnold 45, 59, 177
Heartfield, John 20, 65
Hegel, Georg Wilhelm Friedrich 69, 160, 169
Heine, Heinrich 35–37, 146, 153
Heise, Wolfgang 59, 145, 177, 179, 181
Heister, Hanns-Werner 177
Heister-Grech, Karin 177
Herf, Jeffrey 43
Hermand, Jost 175, 178
Herrmann, Hans Peter 178
Herzinger, Richard 95, 125, 178
Hirdina, Karin 181
Hobsbawm, Eric John 59, 178
Hoesterey, Ingeborg 22, 178
Hoffmann, E. Th. A. 113
Hoffmann-Axthelm, Dieter 178
Hohendahl, Peter Uwe 178
Hollein, Max 107, 179, 185
Höllerer, Walter 51

Holz, Hans Heinz 59, 151, 179
Hopkins, David 57, 185
Horkheimer, Max 110, 175
Huxley, Aldous 165
Huyssen, Andreas 116, 179

Jameson, Fredric 59, 179
Jarman, Derek 90
Jelinek, Elfriede 84
Jonas, Hans 169, 179
Jordaens, Jacob 38
Joyce, James 60
Jung, Franz 20

Kafka, Franz 39, 41, 53, 86
Kagan, Moissej 179
Kagel, Mauricio 90
Kahlo, Frida 65
Kandinsky, Wassili 60
Kant, Immanuel 12, 35, 74
Kennedy, John F. 43
Kidman, Nicole 94
Kiefer, Anselm 84, 100
Klages, Ludwig 25
Klee, Paul 60, 138
Kluge, Alexander 82, 83, 151
Knepler, Georg 178
Kollwitz, Käthe 65
Kopp, Hermann 180
Korn, Karl 51
Kramer, Dieter 179
Kristeva, Julia 159
Kruger, Barbara 106
Kubrik, Stanley 114
Kuczinsky, Jürgen 179

Kühne, Lothar 179
Kühnl, Reinhard 151, 179
Kulikowa, Irina 179
Kupfer, Harry 113
Kurz, Robert 179

Lacan, Jacques 84
Lachenmann, Helmut 84
Laclau, Ernesto 159, 179
Lasch, Christopher 96, 179
Lauren, Ralph 108
Lehmann, Edgar 177
Lennon, John 36
Lessing, Gotthold Ephraim 35, 36
Lethen, Helmut 177
Liberace 93
Libeskind, Daniel 100
Lincoln, Abraham 135
Lissitzky, El 65
Loukopoulos-Lepanto, Wassili 179
Lucie-Smith, Edward 185
Lueg, Konrad 108
Lukács, Georg 55, 69, 154, 179
Lullies, Reinhard 185
Lyotard, Jean-François 24, 56, 58, 59, 84, 180

Maase, Kaspar 177
Machaut, Guillaume de 36
Madonna 112
Mai, Manfred 138, 139
Majakowsky, Wladimir 65
Mamiya, Christin J. 179
Man, Paul de 91, 180
Mann, Thomas 60, 119

Marcuse, Herbert 7, 45, 123, 132, 144, 180, 183
Mariani, Carlo Maria 90
Marquard, Odo 85, 132, 180
Marx, Karl 69, 151, 154, 173
Mattheuer, Wolfgang 71
May, Reinhard 181
Mayer, Günter 179–181
McBeal, Ally 107
McKenna, Stephen 90
Meinecke, Friedrich 9
Meinhof, Ulrike 34
Meinkes, James B. 43
Mencken, H. L. 111
Menke, Christoph 83, 180
Metscher, Thomas 58, 144, 151, 161, 180
Metternich, Klemens von 11
Meyerhold, Wsewolod 65
Meysenbug, Karl Alfred 109, 185
Michel, Karl Markus 20
Mittenzwei, Werner 65, 180
Moore, Barrington 183
Morris, William 155, 180
Morris-Keitel, Peter 136, 181
Morus, Thomas 1
Mouffe, Chantal 159, 164
Mozart, Wolfgang Amadeus 112, 118
Müller, Heiner 30, 35, 65, 126
Müller, Hubert 178
Müller, Michael 181
Münkler, Herfried 157

Negt, Oskar 52, 73, 83, 151
Neruda, Pablo 65

Neumann-Braun, Klaus 181
Niedermeier, Michael 136, 181
Niethammer, Lutz 181
Nietzsche, Friedrich 9, 14, 17, 42, 78, 112

Offenbach, Jacques 113

Paetzold, Heinz 58, 181
Pevsner, Nikolaus 45
Picasso, Pablo 65, 119
Pine, B. Joseph 181
Pintscher, Matthias 90
Platz, Wolfgang 103
Pollock, Jackson 48
Popper, Karl R. 90, 133, 157
Portas, Mary 105, 181
Pracht, Erwin 181
Presley, Elvis 112
Priddat, Birger P. 157
Pries, Christine 182
Prokofjew, Sergej 65
Proust, Marcel 60
Pynchon, Thomas 90

Quinn, Freddy 112

Ransmayr, Christoph 84, 90
Raphael, Max 181
Reed, John 65
Richter, Gerhard 108
Riesman, David 150
Rihm, Wolfgang 84, 90
Rivera, Diego 65
Rodtschenko, Alexander 63, 65

Rössner, Ulrich 181
Rotermund, Hermann 181
Rothe, Friedrich 177
Rubens, Peter Paul 38

Sana, Heleno 59, 181
Sappho 119
Sartre, Jean-Paul 65
Scheit, Gerhard 177
Schenker, Rudolf 120
Scherpe, Klaus R. 115, 116, 179
Schiffer, Claudia 108
Schiller, Friedrich 14, 34
Schindhelm, Michael 72
Schlegel, Friedrich 77
Schleif, Nina 181
Schleissing, Stephan 157
Schnebel, Dieter 90
Schneider, Norbert 181
Schönberg, Arnold 48, 53, 60, 86, 138
Schostakowitsch, Dimitrij 65
Schubert, Franz 118
Schulze-Vellinghausen, Albert 51
Seel, Martin 181
Seghers, Anna 65
Seppmann, Werner 70, 180, 181
Shakespeare, William 35
Shahn, Ben 65
Sherman, Cindy 91
Sieburg, Friedrich 51
Sieferle, Rolf Peter 130
Sinclair, Upton 65
Siqueiros, David Alfaro 65
Sloterdijk, Peter 110
Solomon, Maynard 181

Sonderegger, Ruth 83, 181
Spears, Britney 112
Spengler, Oswald 52
Spillane, Mickey 119
Spivak, Gayatri 159
Spranger, Eduard 25
Staeck, Klaus 143, 158, 185
Steinecke, Albrecht 181
Stengers, Isabelle 159
Stephan, Alexander 182
Stubbe, Wolf 185
Stuckenschmidt, Hans Heinz 51
Süskind, Patrick 84, 91

Tansey, Mark 91
Tatlin, Wladimir 65
Taussig, Michael 159
Tiziano Vecelli 38
Toller, Ernst 65
Tomberg, Friedrich 82, 102, 182
Treptow, Elmar 130, 136, 151, 182
Tretjakow, Sergej 65
Trier, Hann 49, 185
Trier, Lars von 91, 114
Trommler, Frank 182
Tsiolkas, Christos 159
Tübke, Werner 65

Ulbricht, Walter 9

Venturi, Robert 121
Vester, Heinz-Günter 171, 182
Vivaldi, Antonio 74
Vollmer, Antje 131

Wagner, Richard 41
Wallraff, Günter 65
Walser, Martin 87
Warburg, Aby 59
Warhol, Andy 36, 105
Warnke, Martin 182
Warren, Austin 24
Weber, Max 148, 155
Webern, Anton 48
Weimann, Robert 59
Weiss, Peter 16, 65, 144
Weizäcker, Carl Friedrich von 157
Wellek, René 24
Wellmer, Albrecht 182
Welsch, Wolfgang 25, 56, 58, 106, 146, 169, 175, 182
Wenders, Wim 91
Werckmeister, Otto Karl 182
Wernick, Andrew 182
White, Hayden 135, 182
Whiting, Cécile 182
Wilde, Oscar 14, 86
Williams, Raymond 59, 182
Williams, William Appleman 90
Wissen, Markus 182
Wolff, Robert Paul 183

Zima, Peter W. 175, 183
Žižek, Slavoj 179
Zournazi, Mary 159, 183

Jost Hermand
Die deutschen Dichterbünde
Von den Meistersingern bis zum PEN-Club

Das Buch von Jost Hermand ist die erste umfassende Darstellung der wichtigsten 100 deutschen Dichterbünde von den Singschulen der spätmittelalterlichen Meistersinger bis zu den letzten Streitigkeiten des PEN-Clubs. Es geht nicht nur auf ästhetische, mentalitätsbedingte und berufsständische Aspekte ein, sondern rückt auch die unterschiedlichen gesellschaftspolitischen Wirkungsabsichten der literarischen Zirkel, Gruppen und Interessenvertretungen in den Vordergrund. Der Autor bringt als ein seit langem ausgewiesener Kulturhistoriker für eine solche Aufgabe nicht nur die Fülle seines literarischen und historischen Wissens mit, sondern entwickelt zugleich ein neues Avantgarde-Konzept, das auch für die gegenwärtige Situation, die für die Entstehung neuer Dichterbünde nicht eben günstig ist, von wegweisender Relevanz sein könnte.

1998. VII, 383 Seiten.
54 s/w-Abbildungen.
Gebunden mit Schutz-
umschlag. € 34,50/SFr 62,–
ISBN 3-412-09897-3

URSULAPLATZ 1, D-50668 KÖLN, TELEFON (0 2 2 1) 91 39 00, FAX 91 39 011

(Literatur – Kultur – Geschlecht. Kleine Reihe, Band 13)

Jost Hermand
Helen Fehervary
Mit den Toten reden
Fragen an Heiner Müller

1999. IX, 218 Seiten.
7 s/w-Abbildungen. Broschur.
€ 17,90/sFr 32,50
ISBN 3-412-14298-0

Über Heiner Müller zu reden, wird von Jahr zu Jahr schwieriger. Wo immer sein Name auftaucht, stößt man sogleich auf Begriffe wie Posthistorie, Dekonstruktion, Utopieverlust, Todesdiskurs oder Steinernes Schreiben – Zuschreibungen, die den Blick auf sein Werk eher versperren als erleichtern. In diesem Band werden darum seine Dramen so konkret wie nur möglich interpretiert, nämlich als Bemühungen eines DDR-Autors, der sich mit provozierender Verbissenheit gegen den scheinbar unausweichlichen Gang der Geschichte aufzulehnen versuchte.

Jost Hermand und Helen Fehervary gehören zu den ersten, die Müllers Werk seit 1969 auch im Westen vorgestellt haben. Ihre Schriften aus den letzten Jahrzehnten geben daher in Zustimmung und Kritik zugleich wichtige Einblicke in die Wirkungsgeschichte eines Autors, der – aufgrund seiner Sprachgewalt und seines Gespürs für geschichtsträchtige Konfliktsituationen – als einziger deutscher Dramatiker der Moderne in die Weltliteratur eingegangen ist.

URSULAPLATZ 1, D-50668 KÖLN, TELEFON (0221) 913900, FAX 9139011

Jost Hermand
Zuhause und anderswo
Erfahrungen im Kalten Krieg

Einer der bekanntesten Germanisten und Kulturwissenschaftler der zweiten Hälfte des 20. Jahrhunderts legt in diesem Buch seine politischen und beruflichen Erfahrungen aus fünf Lebensjahrzehnten offen.
Nach einer Kindheit im NS-Staat und Lehrjahren in Ost- und Westdeutschland ging er 1958 in die USA, wo er sich – inmitten des Kalten Krieges – als linksliberaler Wissenschaftler durchsetzte. Seine Publikationen hatten und haben trotz mancher Gegenstimmen einen maßgeblichen Einfluss auf die Entwicklung der internationalen Germanistik. In diesem Buch schildert Jost Hermand die politischen Motivationen seiner rastlosen Tätigkeit, die letztlich nur aus seinem Herkommen und seiner weltanschaulichen Sozialisation zu verstehen sind.

Jost Hermand, Jahrgang 1930, ist Professor für Deutsche Literatur und Kultur am Department of German der University of Madison/Wisconsin.

2001. 332 Seiten. 35 s/w-Abbildungen. Gebunden mit Schutzumschlag.
€ 25,50/sFr 46,–
ISBN 3-412-02201-2

URSULAPLATZ 1, D-50668 KÖLN, TELEFON (0221) 9139 00, FAX 9139 011

Jost Hermand
Beethoven
Werk und Wirkung
2003. 278 Seiten. 39 s/w-
Abbildungen. Gebunden.
€ 24,90/SFr 42,–
ISBN 3-412-04903-4

Beethoven galt lange Zeit entweder als ein nationaler Heros, ein menschheitliches Genie oder ein Meister höchster Formvollendung. Im Gegensatz zu einseitigen Projektionen dieser Art arbeitet Jost Hermand die komplexen, aber untrennbaren Zusammenhänge von formaler Gestalt und inhaltlicher Bedeutung in Beethovens Musik heraus. Hierbei interessieren ihn nicht allein die konkret zu entschlüsselnden inhaltlichen Aussagen, sondern auch der Ausdruck eines sozialen und politischen Empfindens. Er zeigt Beethoven als einen Künstler, der sich gegen die gesellschaftliche Realität seiner Zeit aufbäumt und auf größere Mitmenschlichkeit drängt.

Statt die Musik Beethovens lediglich formalistisch zu analysieren oder als Produkt einer längst vergangenen Ära darzustellen, wird sie gerade wegen ihrer rebellischen Gestik, der eine Tendenz ins eindeutig Demokratisierende zugrunde liegt, als eine bis heute vorbildliche gewürdigt.

URSULAPLATZ 1, D-50668 KÖLN, TELEFON (0221) 91 39 00, FAX 91 39 011